가방 패턴 만들기

"BAG NO KATAGAMI NO HON" By Yuka Koshizen (NV70429)
Copyright ⓒYuka Koshizen / NIHON VOGUE-SHA 2017
All rights reserved.
First published in Japan in 2017 by Nihon Vogue Corp.
Photograper: Yukari Shirai

This Korean editon is published by arrangement with Nihon Vogue Corp., Tokyo
in care of Tuttle-Mori Agency, Inc., Tokyo through Eric Yang Agency, Inc., Seoul.

가방 패턴 만들기

고시젠 유카

북핀

step 1 | 가방의 기본 익히기

가방의 구조와 명칭 익히기 … 8
도구와 재료 준비하기 … 9
A4 사이즈 기본 토트백 만들기 … 10
자신에게 맞는 가방 크기와 형태 정하기 … 18
column 부록 사용법 … 23

step 2 | 부분별로 응용하기

몸체의 응용 … 26
바닥판이 없는 형태 … 28
몸판의 상단 또는 하단에 다른 원단을 배치한 형태 … 30
바닥판이 접히는 형태 … 32
옆판이나 바닥판을 다른 원단으로 만든 형태 … 34
그 밖의 응용 형태 … 41
column 바닥 심에 대하여 … 47

손잡이의 응용 … 48
2줄 손잡이 … 50
1줄 손잡이 … 54

입구의 응용 … 58
덮개를 단 입구 … 60
지퍼를 단 입구 … 62
잠금장치를 단 입구 … 64
column 부자재에 대하여 … 69

주머니의 응용 … 70
한 겹(홑겹) 주머니 … 72
두 겹 주머니 … 74
옆판이 있는 입체적인 주머니 … 78
가방 외부에 단 주머니 … 80
지퍼를 단 주머니 … 84

step 3 | 다양하게 조합하기

하단에 다른 원단을 배치한 토트백 … 88
빅 사이즈 토트백 … 89
세로로 긴 A4 사이즈 가방 … 90
메신저백 … 91
복주머니형 가방 … 92
2way 가방 … 93
3way 가방 … 94
미니 토트백 … 95
지퍼가 달린 파우치 … 95

이 한 권으로
만들고 싶은 가방의 패턴을 자유자재로 만들 수 있습니다.

A4 사이즈 기본 토트백의 패턴 만들기, 재단하기, 바느질하기 과정을 차례로 따라 하며 기본 지식을 익힙니다.

몸체, 손잡이, 입구, 주머니의 형태를 다양하게 응용하는 방법을 배웁니다.

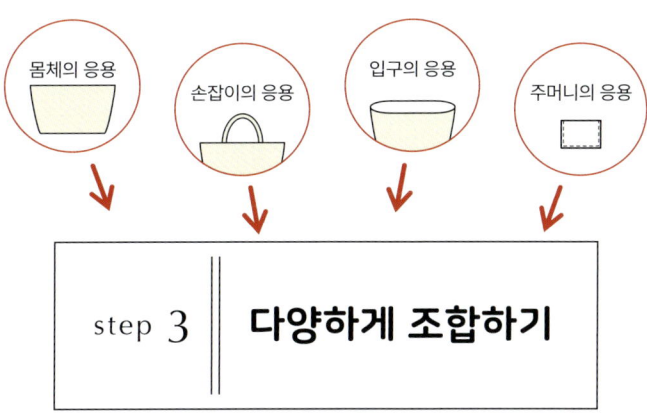

step 2의 각 파트를 적절히 조합해서 좋아하는 형태의 가방을 만들어 봅시다.

제도 기호 보는 법

— — — — : 골접기(안으로 접기)

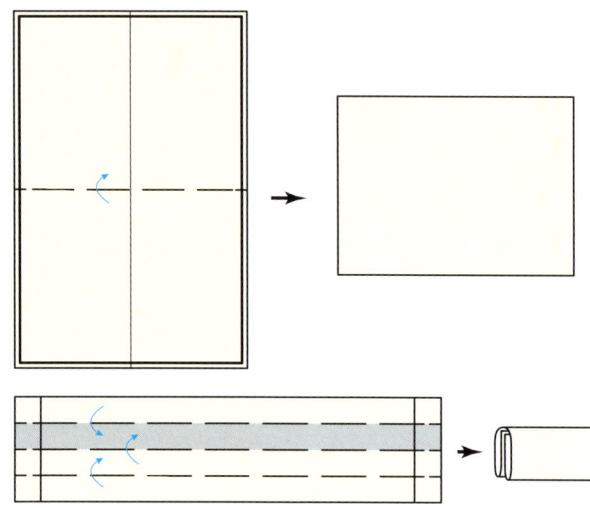

// : 평행하게 선 긋기

: 절개선을 완성선과 평행하게 긋는다.

절개선

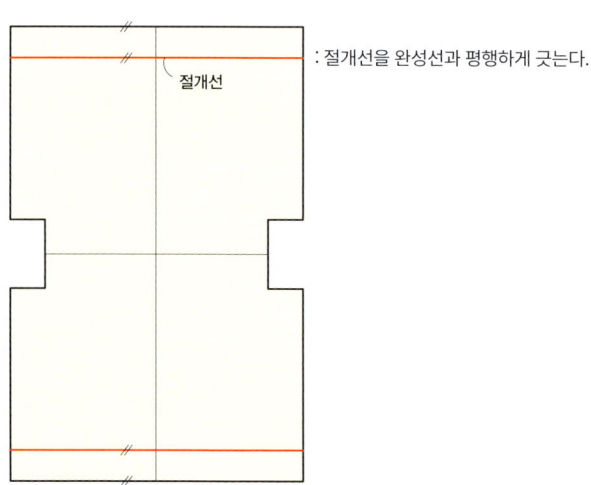

⊢⊣ : 양끝 선이 닿도록 빗금의 높은 쪽에서 낮은 쪽으로 접기

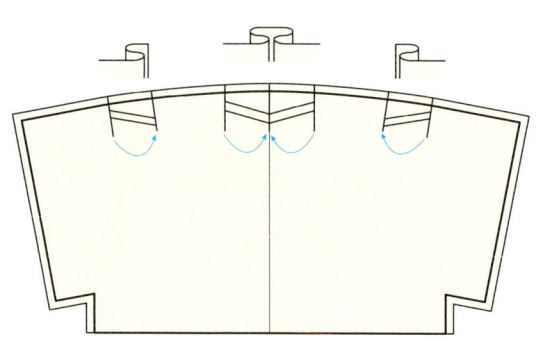

step 1 | 가방의 기본 익히기

step 1에서는 A4 사이즈 기본 토트백 만들기를 통해
가방 패턴 만들기에 필요한 기본 지식을 익힙니다.

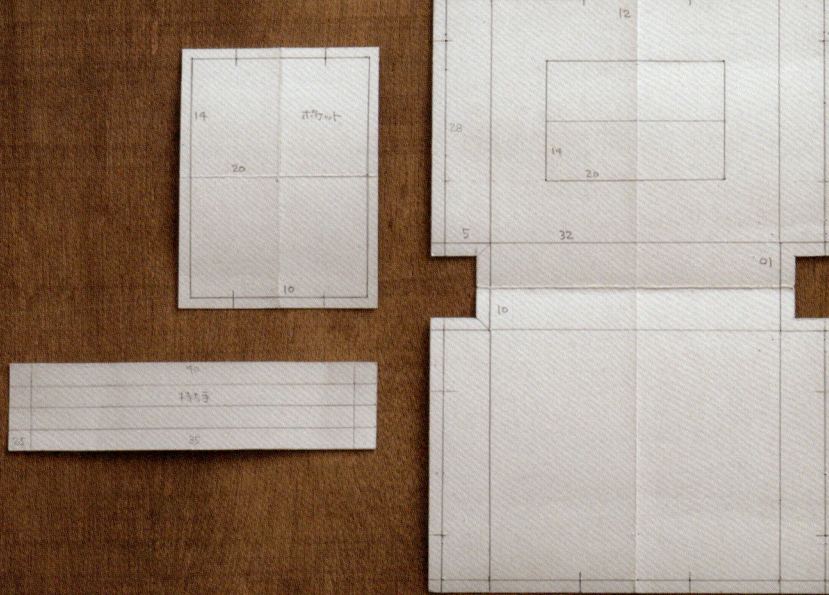

가방의 구조와 명칭 익히기

이 책에서는 가방의 각 부분에 대해 다음과 같은 명칭을 사용하여 설명하고 있습니다.

손잡이
가방을 들기 위해 사용하는 부분. 핸들이라고도 한다.

안주머니
가방 안쪽에 붙어있는 주머니

겉주머니
가방 바깥쪽에 붙어있는 주머니

몸체
몸판과 바닥판을 합친 가방의 자루 부분(가방에서 손잡이와 주머니를 제외한 전체)

바닥판
가방의 밑면

안단
가방의 안쪽 끝부분에 대는 별도의 원단

입구
물건을 넣었다 뺐다 할 수 있는 부분

옆솔기
앞판과 뒤판을 박아서 생긴 가방의 옆 선

몸판
가방의 앞판과 뒤판(몸체에서 바닥판과 옆판을 제외한 나머지)

바닥 폭
바닥의 세로 폭. 물건으로 말하자면 두께나 깊이에 해당하는 부분

덮개
가방 입구를 덮는 부분. 플랩이나 뚜껑이라고도 한다.

사각링
사각형 모양의 금속 링

옆판
가방의 폭이 되는 옆면

왈자조리개
어깨끈의 길이를 조절하기 위한 금속 버클. 한자의 曰자와 같은 형태

숄더 스트랩
가방을 어깨에 메기 위한 끈. 숄더 핸들이라고도 한다.

도구와 재료 준비하기

패턴 만들기에 필요한 기본 도구를 소개합니다.

도구 — 제도를 하거나 패턴을 만들 때 유용하게 쓰이는 도구들입니다. 정확한 패턴을 만들기 위해 준비해 주세요.

용지와 심지 — ①~②는 제도 단계에서, ③~⑥은 패턴 만들기 단계에서 사용합니다.

※ 소매 둥글림 본…(주)클로버

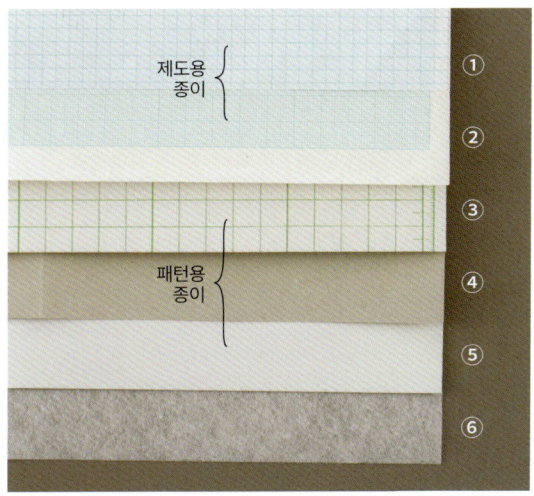

※ 모눈종이에는 여러 종류가 있으니 사용하기 편리한 것으로 고른다.

① **방안자(50cm)**
5mm 모눈(방안선)이 들어있는 자. 커터칼을 대고 종이를 자를 수 있도록 가장자리가 금속으로 된 것을 고른다.

② **방안자(폭이 넓은 것)**
폭 15cm의 넓은 자. 30°, 45° 등의 각도선이 들어 있어 대각선이나 정확한 수직선을 그을 때 편리하다.

③ **소매 둥글림 본**
주로 소맷자락의 곡선을 긋는 데 사용하는 도구. 다양한 곡선을 깔끔하게 그릴 수 있어 편리하다.

④ **커팅매트**
종이나 패턴을 자를 때 스크래치 방지 및 정확한 커팅을 위해 바닥에 까는 것으로, 방안선이 있을 경우 보다 정확한 작업이 가능하다.

⑤ **재단용 웨이트(문진)**
원단과 패턴이 움직이지 않도록 눌러주는 누름돌이다.

⑥ **커터칼**
패턴과 접착심을 잘라낼 때 사용한다. 가위보다 더 정확하게 자를 수 있다.

⑦ **송곳**
선을 긋거나 점으로 표식을 만드는 등 제도 단계부터 봉재 단계까지 두루 쓰이는 가방 만들기의 필수 아이템이다.

⑧ **필기도구**
정확한 제도를 위해서는 연필보다 샤프펜슬을 권한다. 지워지는 목탄펜이나 볼펜은 피하는 것이 좋다.

① **5mm 모눈종이**
A4와 A3 사이즈의 묶음 제품을 사용한다. 심플한 직선 디자인의 패턴을 그릴 때는 이 모눈종이로도 충분하다.

② **1mm 모눈종이**
복잡한 선의 디자인을 생각한다면 큼직한 사이즈의 촘촘한 모눈종이에 실제 크기로 제도하는 것을 추천한다. ④ 등에 옮겨서 패턴을 만든다.

③ **모눈 패턴지**
모눈이 인쇄된 두꺼운 종이. 이 종이에 제도한 뒤 자르면 그대로 패턴으로 쓸 수 있다.

④ **두꺼운 재생 종이**
종이 상자 등에 쓰이는 재생지. ①과 ②의 모눈종이에 그린 것을 옮기거나 직접 제도를 해서 패턴을 만든다. 바닥판 등의 심 재료로도 쓸 수 있다.

⑤ **흰색 마분지**
과자 상자를 만들거나 와이셔츠를 포장할 때 사용 가능할 정도로 단단하다. 소품이나 곡선 부분의 패턴에 사용된다.

⑥ **접착 심지(부직포 형태)**
원단에 붙여 뻣뻣하게 힘을 주기 위해 사용하는 것으로, 접착 심지에 샤프펜슬로 직접 제도를 하면 별도로 패턴을 만들 필요 없이 바로 원단에 붙여 재단할 수 있다. 단, 이때는 한 번만 사용이 가능하므로, 이후에도 계속 패턴을 사용하고자 하면 접착 심지에 바로 제도하는 것보다 패턴을 따로 만들어두는 것이 낫다.

A4 사이즈 기본 토트백 만들기

패턴 만들기, 재단하기, 바느질하기의 과정을 순서대로 따라 하며 A4 사이즈 기본 토트백을 만들어 봅시다.

◎ 재료
겉감 원단 : 70×70cm
안감 원단 : 70×70cm
접착 심지(부직포 형태) : 100×85cm

◎ 완성 크기
42(입구의 너비. 바닥 너비는 32)×28(높이)×10(바닥 폭)cm

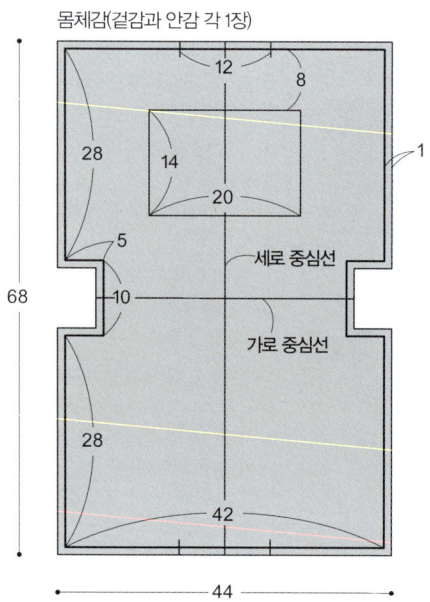
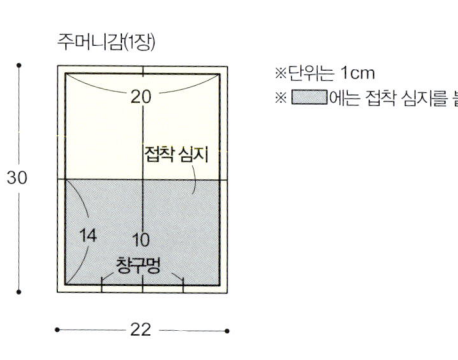
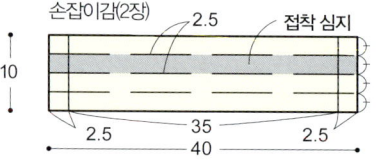

 패턴 만들기

※ 쉽게 이해할 수 있도록 실제 사이즈의 1/3 크기로 촬영했습니다.

1 몸체의 중심선 긋기

※ 선이 없는 백지를 사용하여 패턴을 만들 때를 기준으로 설명하였습니다.

① 중심선을 긋기 위해 위쪽과 아래쪽 끝 가로의 중심이 되는 곳을 송곳으로 눌러 표시한다.

Tip. 모눈종이가 아닌 백지를 사용할 경우에는 도안보다 약간 여유 있는 크기의 직사각형 종이를 준비한다.

② ①에서 표시한 두 점을 연결하는 선을 송곳으로 긋는다. 힘이 너무 많이 들어가면 종이가 잘릴 수 있으므로 조심한다.

Tip. 모눈종이를 사용할 경우에는 눈금에 맞춰서 중심선을 그어주면 된다.

③ ②에서 만든 선을 따라 접은 다음(접힌 중심선이 아래로 놓인 상태) 중심점을 표시한다. 이때 2장이 겹쳐진 상태이므로 송곳에 힘을 주어서 앞·뒷장 모두에 표식이 생기도록 한다.

④ 접었던 것을 펼치고 송곳으로 ③에서 낸 표식을 연결하는 선을 긋는다.

⑤ ④의 선을 따라 접은 다음 ①에서 표시한 중심점이 정확히 겹치는지 확인한다.

Tip. 세로 선이 너비의 중심선, 가로 선이 바닥의 중심선이 된다.

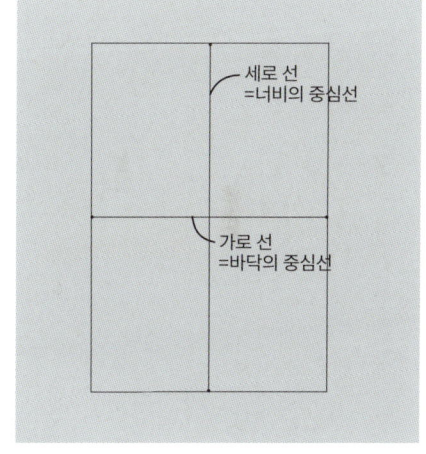

세로 선 =너비의 중심선

가로 선 =바닥의 중심선

2 몸체의 완성선과 시접선 긋기

① 샤프펜슬로 너비의 중심선에서 양쪽 방향으로 21cm 지점에 완성선 위치를 표시하고, 완성선에서 1cm 지점에 시접선 위치를 표시한다.

Tip. 가방 입구 너비가 42cm이므로 중심에서 양쪽 방향으로 21cm 지점이 완성선이 된다.

② 바닥의 중심선을 따라 반으로 접은 다음, ①에서 표시한 지점을 송곳으로 세게 눌러 앞·뒷장 모두에 표식이 생기도록 한다.

③ 접었던 것을 펼치고 위쪽과 아래쪽의 표식을 이어 완성선과 시접선을 긋는다. ⇨ 세로 방향 완성선과 시접선 완성

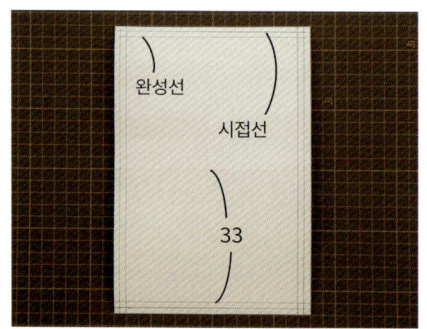

④ ①~③과 같은 방법으로 바닥의 중심선에서 위아래 방향으로 33cm 지점에 완성선, 완성선에서 1cm 지점에 시접선을 긋는다.
Tip. 28(가방 높이)+5(바닥 폭의 1/2)cm=33cm

⑤ 시접선에 자를 대고 커터칼로 여분을 잘라낸다.

⑥ 윤곽 완성

3 바닥 폭 표시하기

① 바닥의 중심선 상의 완성선에서 위 5cm 지점(바닥 폭의 1/2)을 송곳으로 눌러 표시한다.

② 바닥의 중심선을 따라 접은 다음 ①에서 표시한 곳에 송곳을 찔러 넣어 뒷장에도 위치가 표시되도록 한다.

③ 너비의 중심선을 따라 접은 다음 ①, ②의 표식에 송곳을 찔러 넣어 뒷장에도 위치가 표시되도록 한다.

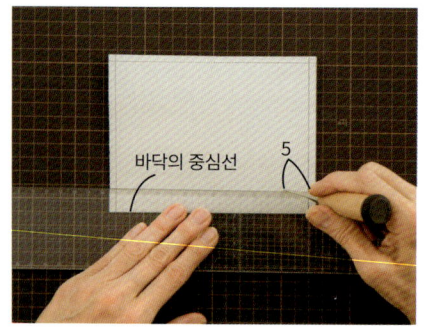
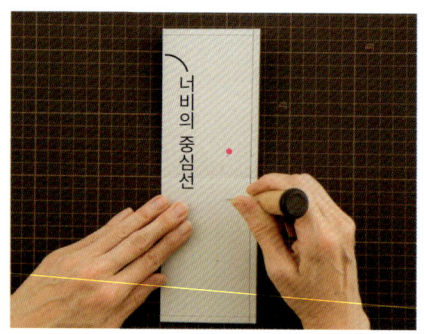

④ 바닥의 중심선을 따라 접은 다음 ①~③에서 만든 표식에서 안쪽으로 5cm 지점을 중심선과 평행하게 표시한다. 이때 송곳을 세게 눌러 뒷장에도 표식이 남도록 한다.

⑤ 너비의 중심선을 따라 접어 ④의 표식을 뒷장에도 옮겨 표시한다.

⑥ 바닥의 중심선을 따라 접은 후 자를 평행하게 맞추고, ①과 ④의 표식을 연결해서 바닥 폭 선을 긋는다.

⑦ 남은 세 부분도 똑같이 선을 연결한다. ⇨ 바닥 폭의 가로 선 완성

⑧ 옆솔기 선과 평행하게(바닥 중심선과 수직으로) 바닥 폭의 세로 선을 긋는다.

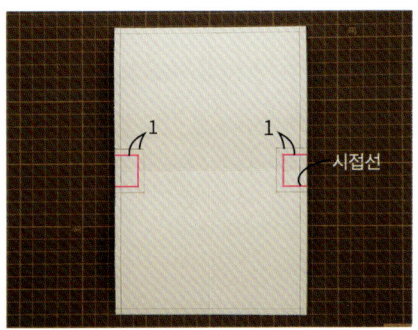

⑨ ①~⑧의 방법으로 바닥 폭 선 바깥쪽에 시접선을 긋는다.

4 손잡이와 주머니 위치 표시하기

① 바닥의 중심선을 따라 접은 후 너비의 중심선에서 6cm 지점을 송곳으로 눌러 표식을 남긴다.

② 너비의 중심선을 따라 접은 다음 ①에서 표시한 곳을 송곳으로 눌러 반대쪽에도 표식을 남긴다. ⇨ 손잡이 위치 표시

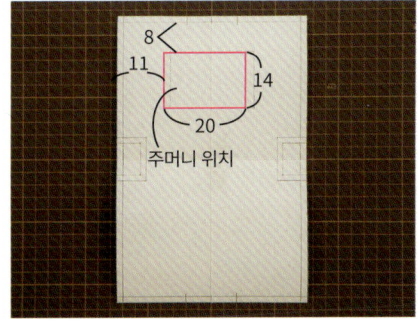

③ 10쪽 도안을 참고해 주머니 위치를 송곳으로 표시하고 선을 그린다.

5 완성하기

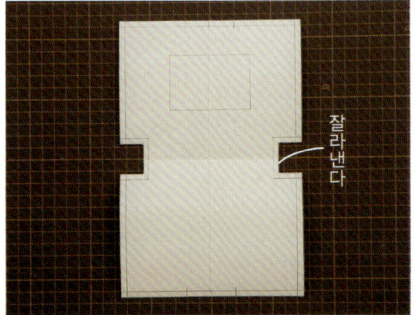

① 바닥과 너비의 중심선을 따라 접으며 표식이 정확하게 만들어졌는지 확인하고, 바닥 폭의 시접선에 자를 대고 잘라낸다.

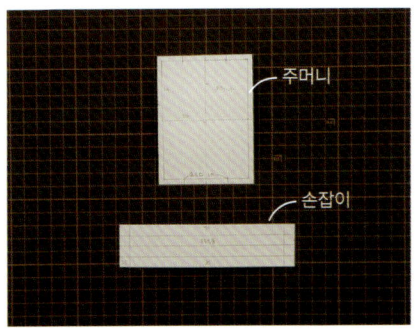

② 같은 요령으로 주머니와 손잡이를 제도하여 패턴을 만든다.

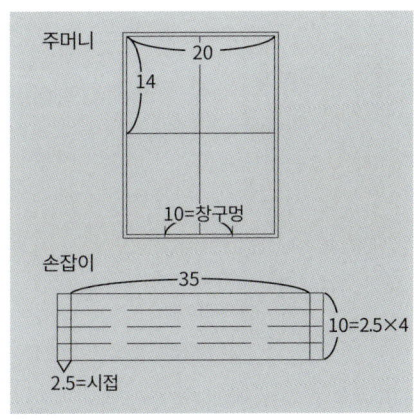

1 접착 심지에 패턴 옮기기

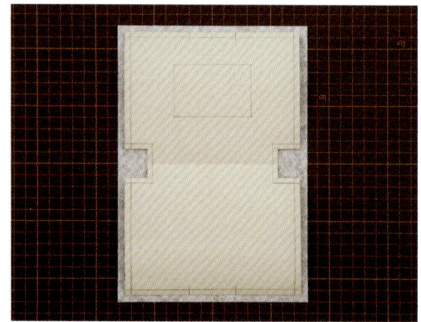

① 접착 심지를 완성된 패턴보다 조금 여유 있게 자른다.

② 접착 심지에 패턴을 올리고 움직이지 않게 재단용 웨이트(문진)를 올린다. 손으로 살짝 눌러가면서 패턴의 윤곽선을 따라 그린다.

③ 세로 중심선, 완성선, 손잡이 위치를 송곳으로 표시한다.

④ 가로 중심선(바닥 폭의 중심)도 송곳으로 표시한다.

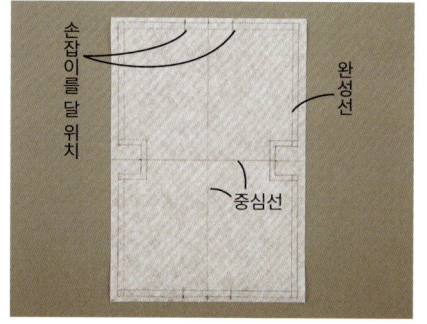

⑤ 접착 심지에 가로 중심선과 세로 중심선, 완성선을 그리고 손잡이 위치도 표시한다.

⑥ 같은 방법으로 안감용 접착 심지도 만든다. 단, 안감용 접착 심지에는 주머니를 달 위치도 표시한다.

2 원단에 접착 심지 붙이고 재단하기

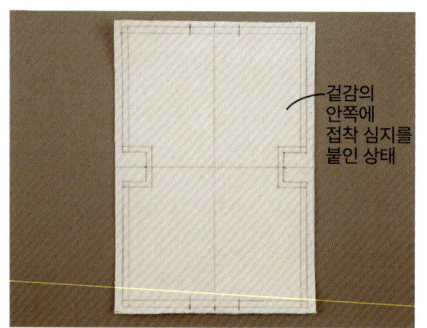

① 겉감의 안쪽에 접착 심지를 겹친 다음 눌러가며 접착한다.

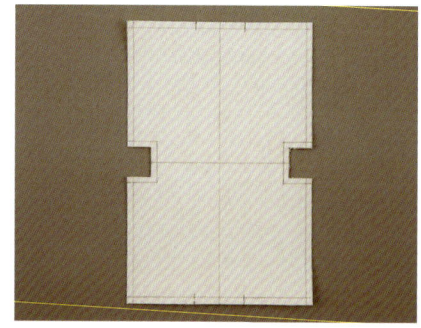

② 시접선을 따라 재단한다. 같은 방법으로 안감용 접착 심지를 안감의 안쪽에 붙이고 재단한다.

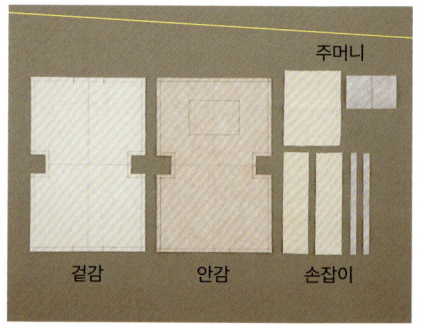

③ 주머니와 손잡이는 원단 위에 패턴을 놓고 송곳으로 표식을 남겨가며 제도선을 옮겨 그린 후 시접선을 따라 재단하고, 심지는 10쪽 도안을 참고해 시접 없이 사이즈대로 재단한다.

Tip. 주머니 심지: 20×14cm, 손잡이 심지: 2.5×40cm

 바느질 하기

※15~17쪽은 실제 패턴 크기로 설명합니다.

1 주머니 만들어 안감에 달기

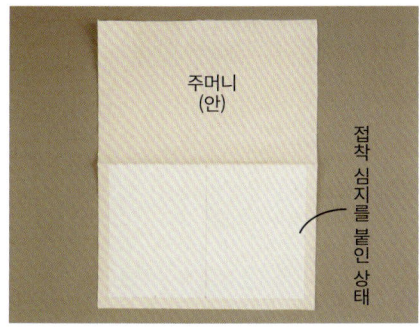

① 주머니감의 안쪽에 접착 심지를 붙인다. 깔끔하게 마무리하기 위해 시접 부분에는 붙이지 않는다.

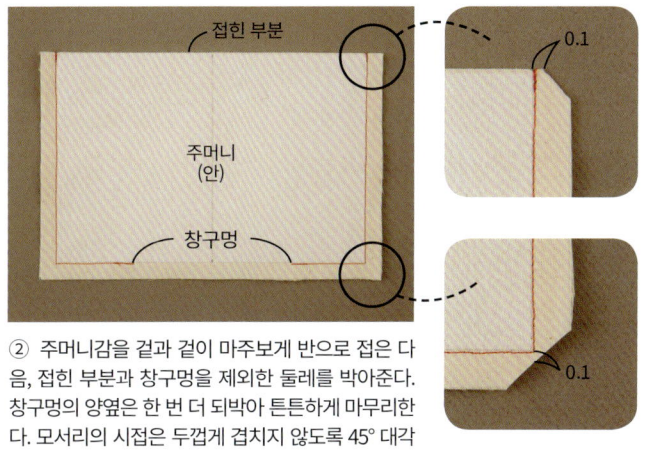

② 주머니감을 겉과 겉이 마주보게 반으로 접은 다음, 접힌 부분과 창구멍을 제외한 둘레를 박아준다. 창구멍의 양옆은 한 번 더 되박아 튼튼하게 마무리한다. 모서리의 시접은 두껍게 겹치지 않도록 45° 대각선으로 잘라낸다.

③ 시접을 접착 심지 쪽으로 접고 다리미로 눌러둔다.

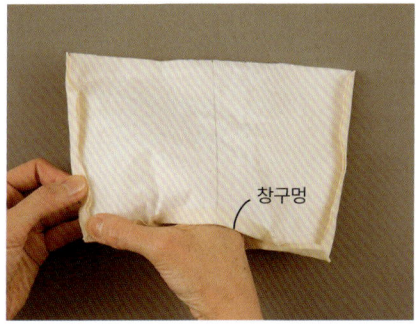

④ 창구멍에 손을 넣은 다음 접혀 있는 모서리를 엄지와 검지로 누르며 밖으로 뒤집어 낸다.

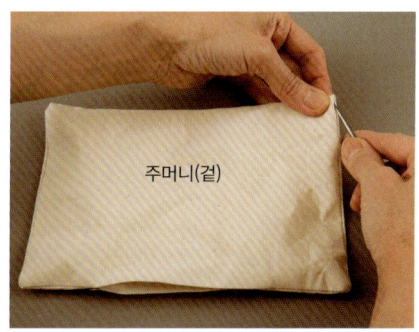

⑤ 양쪽 모서리는 송곳을 깊이 찔러 넣어 빼낸다. 송곳을 얕게 넣으면 뜯어지기만 하므로 주의한다.

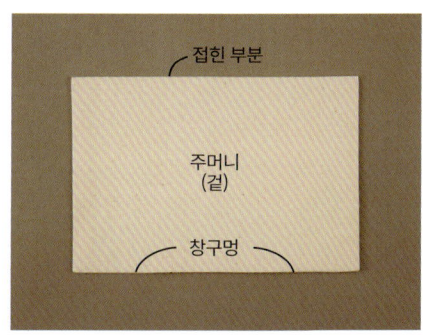

⑥ 다리미로 눌러 형태를 정돈한다. 창구멍의 시접은 안쪽으로 잘 접어 넣어 둔다.

⑦ 안감 안쪽의 접착 심지에 주머니를 달 위치를 송곳으로 찔러 표시한다. 이때, 안감의 겉에서도 보이도록 확실하게 구멍을 낸다.

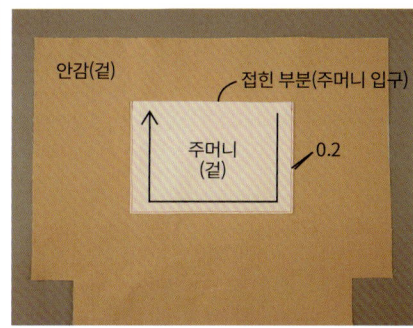

⑧ ⑦의 표시에 주머니의 모서리를 맞추고 세 변을 바느질하여 주머니를 단다. 주머니 입구의 양쪽 끝 부분은 단단히 되박아준다.

2 몸체의 옆솔기와 바닥 박기

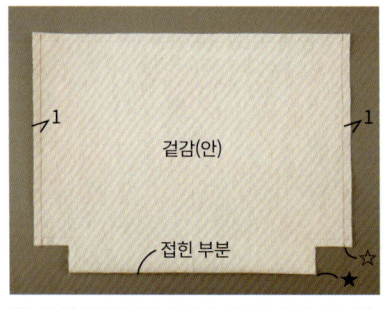 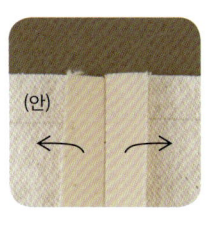

① 몸체 겉감을 겉과 겉이 마주보게 반으로 접고, 양 옆선(옆솔기)을 바느질한 다음 시접을 양쪽으로 갈라 다리미로 누른다.

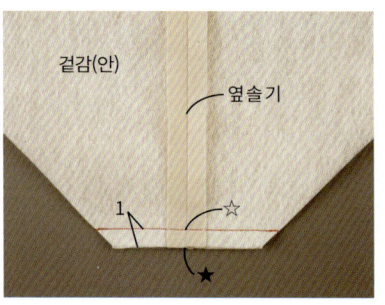 

② 양쪽으로 갈라놓은 솔기의 중심(☆)과 바닥 폭의 중심(★)을 맞추고, 바닥 폭의 완성선을 박음질한다. 시접은 위로 접어 넘긴다.

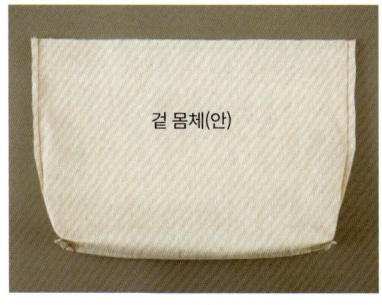 

③ 반대쪽 바닥 폭 부분도 바느질하여 완성한 다음 입구 부분의 시접을 접어 내린다. ⇨ 겉 몸체 완성

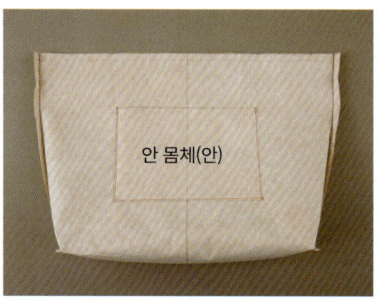

④ 안감도 같은 방법으로 바느질하고 입구의 시접을 접어 내린다. ⇨ 안 몸체 완성

3 손잡이 만들어 달기

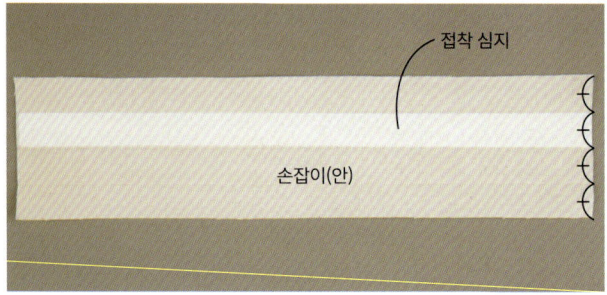

① 손잡이감의 안쪽에 접착 심지를 붙인다.

Tip. 가방 몸체에 손잡이를 달았을 때 접착 심지를 붙인 면이 바깥쪽에 위치하게 된다.

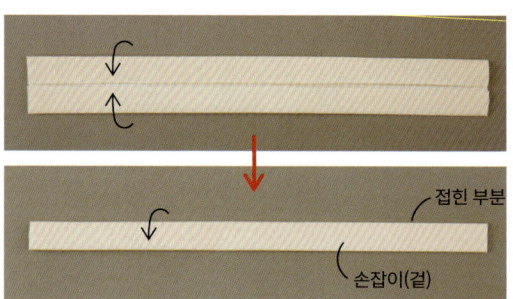 

② 손잡이의 위아래를 접고 다시 반으로 접는다.

③ 끝에서 0.2cm 안쪽을 박아준다. 같은 방법으로 손잡이를 하나 더 만든다.

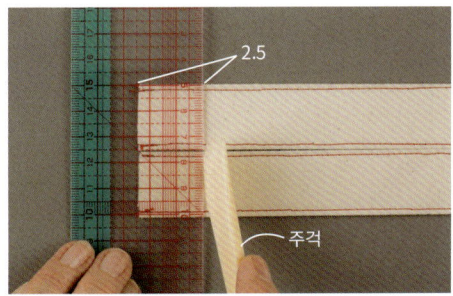

완성된 손잡이 두 개를 나란히 놓은 다음 가방 몸체의 겉감과 안감 사이로 들어갈 시접을 2.5cm로 넉넉히 잡아 그 위치를 주걱으로 표시한다.

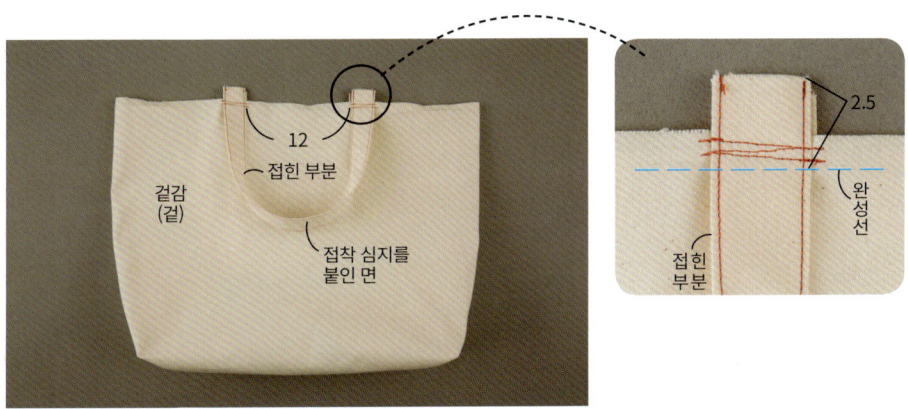

④ 몸체 겉감(겉 몸체)을 겉으로 뒤집고, ③의 표식을 입구의 완성선에 맞춘 다음 시접 부분을 수차례 박음질하여 몸체에 고정하고, 시접을 겉감의 안쪽에 접어 넣는다(손잡이가 세워짐).

4 입구 봉합하기

① 겉 몸체 안에 안 몸체를 넣은 다음 겉감에 맞추어 모양을 잡는다. 우선 겉감과 안감의 양쪽 옆솔기와 몸체의 중심 네 군데(★)를 맞추고 시침핀을 꽂아 기준을 잡은 다음, 나머지 부분에 시침핀을 꽂아 고정시킨다.

② 가방의 입구 전체를 둘러가며 박는다. ⇨ A4 사이즈 기본 토트백 완성

자신에게 맞는 가방 크기와 형태 정하기

가방에 무엇을 넣고 어떻게 사용할지에 따라 필요한 가방의 크기가 달라집니다.
자신에게 필요한 가방의 크기나 형태를 정해봅시다.

가방 크기 정하기

◎ 넣을 물건이 있거나 샘플로 삼을 가방이 있는 경우

넣고 싶은 물건이 정해져 있는 경우

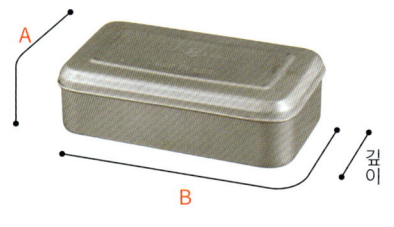

물건의 높이와 깊이를 더한 길이(A)와 너비와 깊이를 더한 길이(B)를 잽니다.

측정한 치수에 정확히 맞추어 만들면 물건을 넣고 빼기 힘들거나 천의 두께 때문에 들어가지 않을 수도 있으므로 넉넉하게 제도합니다.

마음에 드는 가방과 같은 크기로 만들고 싶은 경우

너비, 높이, 바닥 폭의 길이를 잽니다.

도안

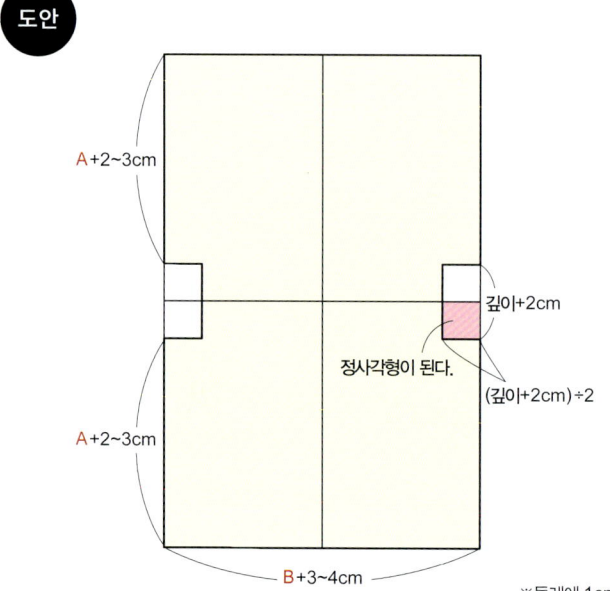

A+2~3cm
깊이+2cm
정사각형이 된다.
(깊이+2cm)÷2
A+2~3cm
B+3~4cm

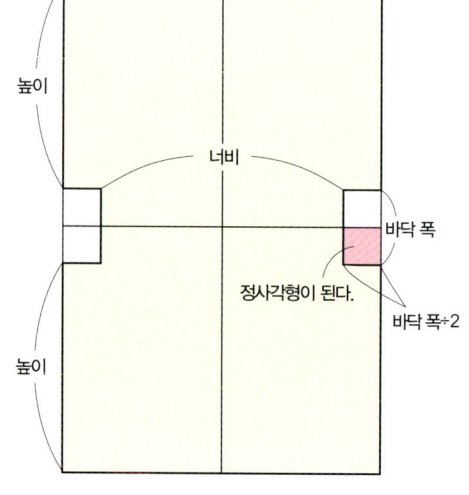

높이
너비
바닥 폭
정사각형이 된다.
바닥 폭÷2
높이

※둘레에 1cm의 시접을 잡는다(공통).

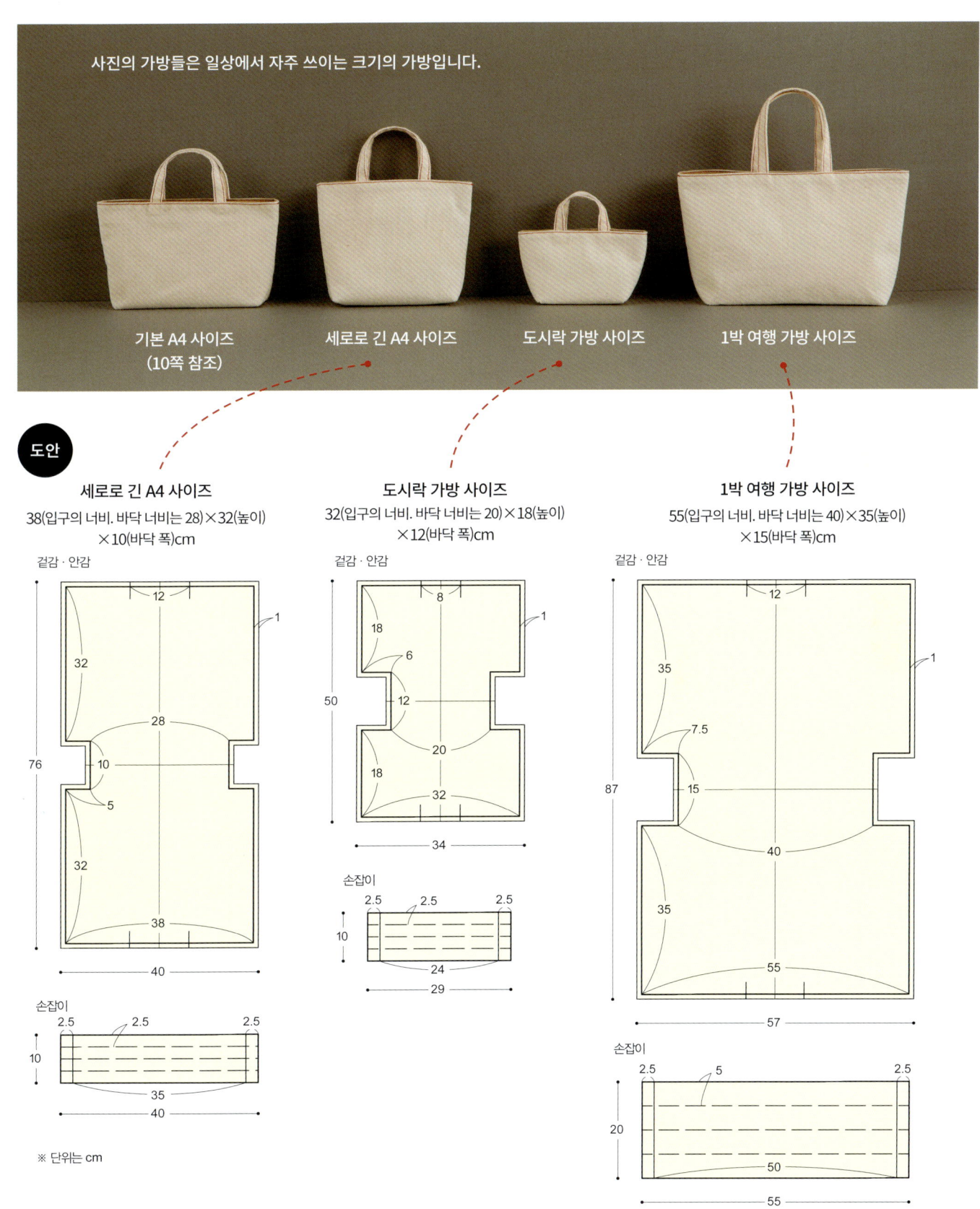

◎ 바닥 폭을 조절하고 싶은 경우

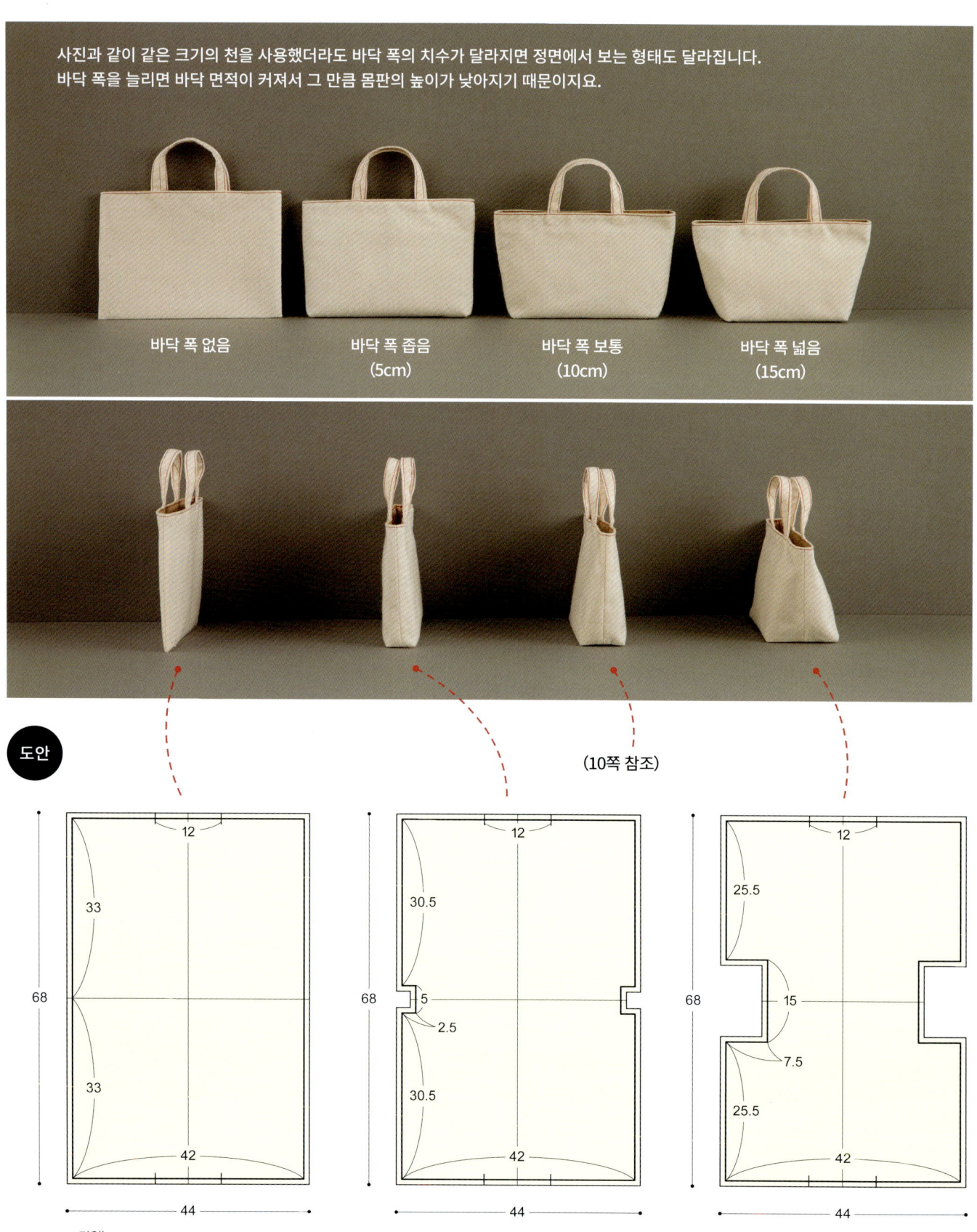

손잡이 정하기

가방을 편하게 쓰기 위해서는 손잡이의 길이와 너비도 중요한 포인트가 됩니다.
쓰기 쉬운 손잡이 사이즈는 체형에 따라 달라집니다.
또한 계절에 따라서 입는 옷의 볼륨이 달라지므로 이에 맞춰 손잡이를 조절할 필요가 있습니다.

◎ 손잡이 길이를 조절하고 싶은 경우

※신장 158cm인 사람이 들고 있는 경우를 기준으로 하였습니다.

토트백

35cm 길이의 손잡이를 달았습니다. 손으로 들거나 어깨에 메기에 딱 좋은 사이즈입니다.

숄더백

50cm 길이의 손잡이를 달았습니다. 어깨에 메는 경우 팔을 펴서 가방 바닥에 무리 없이 손이 닿을 정도의 길이가 편합니다.

크로스백

110cm 길이로 손잡이(조절 기능 포함)를 달았습니다. 가방 입구가 허리 정도에 위치하기 때문에 물건을 넣고 꺼내기 편합니다.

◎ 손잡이 너비를 조절하고 싶은 경우

토트백

손으로 쥐기에 편한 2~2.5cm 정도의 너비를 추천합니다.

숄더백 크로스백

3~5cm 정도의 넉넉한 너비를 추천합니다. 너비가 좁을 경우 가방에 크고 무거운 물건을 넣으면 가방끈이 어깨를 파고들 수 있습니다.

◎ 손잡이 간격을 조절하고 싶은 경우

손잡이 사이의 간격은 기본적으로 12cm로 잡습니다. 손에 들어도, 어깨에 메어도 입구의 형태를 가지런히 유지할 수 있기 때문입니다. 가방이 크다고 간격을 넓게 잡으면 입구가 늘어지므로 주의합시다. 단, 체형과 복장에 따라서 조금씩 조절할 필요는 있습니다.

주머니 정하기

넣을 물건의 크기를 고려하여 적절한 사이즈의 주머니를 만듭니다.
지퍼나 칸막이를 달 때에는 그만큼 여유를 두어 치수를 정합니다.

◎ 넣을 물건이 있는 경우

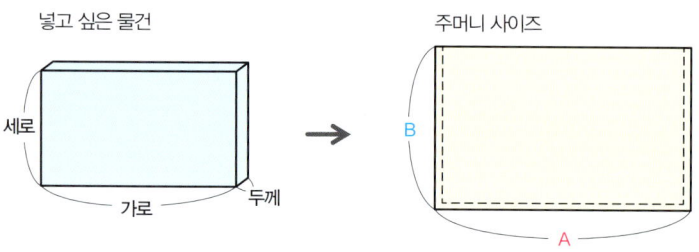

❶ 수첩이나 카드지갑 등 주머니에 넣고 싶은 물건의 가로, 세로, 두께를 잽니다.
❷ ❶에서 잰 치수에 여유분을 더해 주머니 사이즈를 정합니다.
A(너비)···가로+두께+여유분 3cm 이상
B(높이)···세로+두께+여유분 3cm 이상

◎ 표준 사이즈 중에서 고르고 싶은 경우

※ 지갑의 경우 자신이 가지고 있는 실물 지갑 크기가 아래 예시와 다를 수 있으므로 정확한 치수를 확인하고 만듭니다.

문고본, A6(105×148mm) 사이즈
11(가로)×15(세로)×1(두께)cm

카드지갑+필기도구 사이즈
카드지갑: 11(가로)×7(세로)cm
필기도구: 13(길이)cm

장지갑 사이즈
19(가로)×9(세로)×2(두께)cm

도안

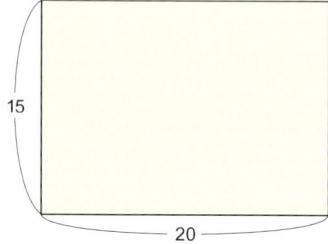
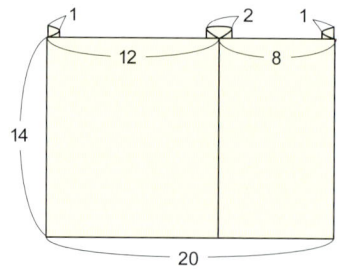
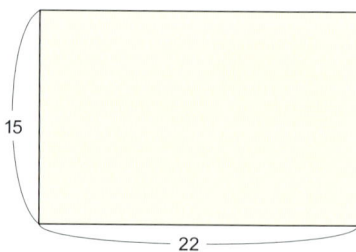

부록 사용법

이 책의 뒤쪽에 별첨된 부록은 곡선 자, 각도기, 바닥 폭 자, 손잡이 자, 모눈종이로 이루어져 있습니다. 각각의 용도와 활용법을 알아봅시다.

자의 용도

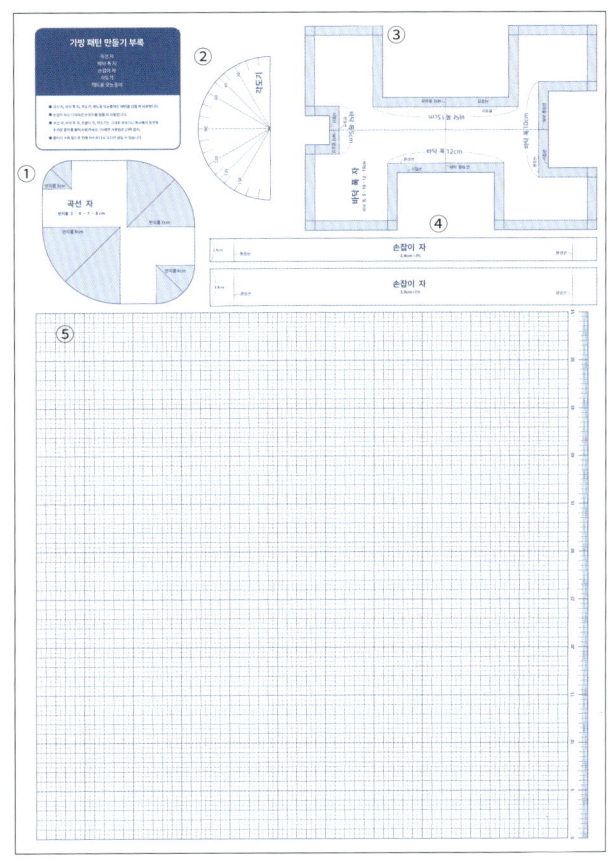

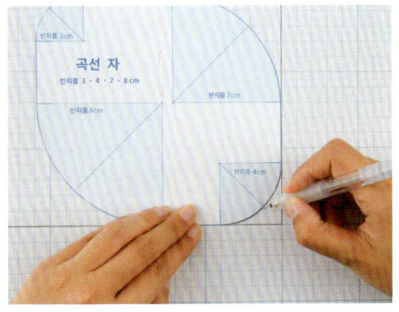

① 곡선 자
반지름이 3cm와 4cm인 자는 주로 주머니나 파우치 바닥 등 작은 부분을 제도할 때 사용하고, 7cm와 8cm 자는 가방의 바닥이나 덮개의 모서리 등을 제도할 때 사용합니다. 곡선의 중심과 양 끝의 너치(맞춤점)를 잊지 말고 옮겨 표시해 둡시다.

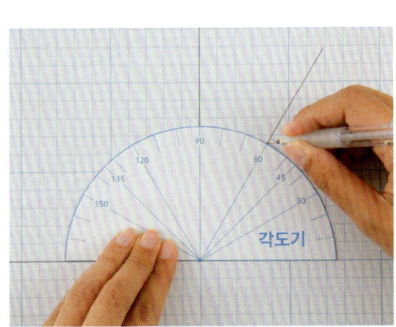

② 각도기
입구의 벌어짐이나 바닥의 퍼짐, 주름 등을 넣는 디자인을 고안할 때 사용합니다. 필요한 각도에 표시한 후 중심점과 연결합니다.

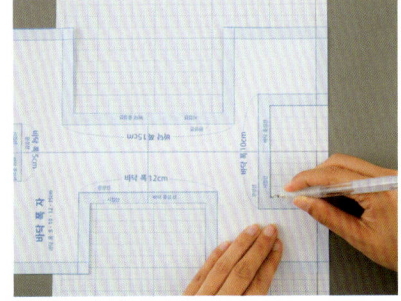

③ 바닥 폭 자
이 책에 등장하는 주요 바닥 폭의 자. 옆솔기의 시접과 바닥 폭의 중심(=바닥 중심선) 표시를 맞춰 두고 윤곽을 그리는 동시에 필요한 표식을 옮깁니다. 제도한 후에 시접 부분이 잘못되지 않았는지 확인할 때 사용하는 것도 추천합니다.

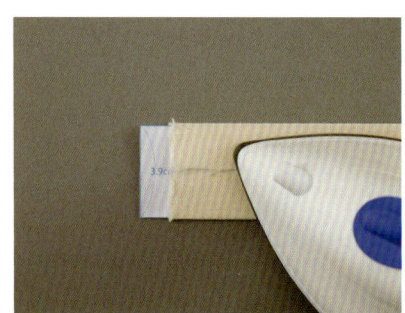

④ 손잡이 자

이 책에서 손잡이 너비로 자주 쓰이는 2.5cm, 4cm용 다림질 자입니다. 다리미로 손잡이를 접어 누를 때나 접착 심지를 자를 때 사용합니다. 원단의 두께를 고려하여 1mm 줄인 치수로 되어 있습니다. 두꺼운 원단일 경우 치수를 좀 더 줄여 조정해 주세요. 특히 금속 부품을 통과시키거나 할 경우에는 실제로 원단을 접어서 시험해 보는 것이 좋습니다.

⑤ 모눈종이

가방의 디자인을 실물 크기로 생각할 때 가장 적절한 사이즈인 55×55cm 모눈종이입니다. 이곳에 제도하여 나만의 오리지널 가방 패턴을 만들어 주세요.

활용법

1. 뒷면에 두꺼운 종이를 붙여서 사용하는 방법

부록 요소 중 필요한 것을 골라 여유분을 두고 자른 다음 뒷면에 고체 풀을 발라 두꺼운 종이를 붙입니다. 액체 풀은 종이를 울게 하므로 사용하지 않는 것이 좋습니다. 종이가 완전히 붙으면 윤곽선을 따라 잘라냅니다. 직접 두꺼운 종이를 붙이지 않고 복사하거나 다른 종이에 옮겨 그려서 사용해도 좋습니다.

2. 접착 심지에 비쳐서 쓰는 방법

접착 심지에 바로 제도해서 쓰고자 하는 경우 부록의 자 위에 접착 심지를 겹쳐서 필요한 선만 옮깁니다. 옆솔기와 바닥 중심 등의 주요 선들을 긋고 너치(맞춤점)를 표시한 후 나머지 선을 부분적으로 추가하면 쉽게 옮길 수 있습니다.

step 2 | 부분별로 응용하기

step2에서는 앞에서 배운 A4 사이즈 기본 토트백 만드는 법을 토대로
몸체, 입구, 손잡이, 주머니 등 각 부분을
응용하는 법을 알아봅시다.

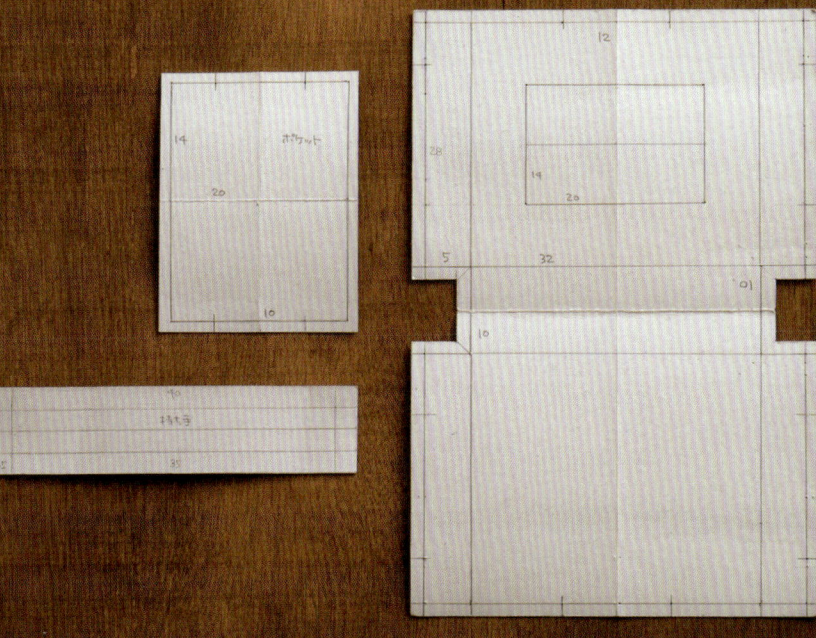

| step 2 | 부분별로 응용하기 |

몸체의 응용

이 부분

몸체는 가방의 주가 되는 부분입니다.
가방 만들기는 우선 몸체의 형태와 크기를 정하는 것에서 시작됩니다.
안에 넣을 물건과 가방의 용도 등 실용적인 기준으로 사이즈를 정하기도 하고
쓰고 싶은 원단의 모양을 살리는 것을 최우선으로 하는 경우도 있습니다.
또한 반듯하고 튼튼한 가방, 주름을 많이 넣은 가볍고 부드러운 가방, 여러 원단을 조합한 가방, 좋아하는 형태의 가방 등
몸체 디자인을 정할 때 동기가 되는 기준은 여러 가지가 될 수 있을 것입니다.
다만, 어떤 경우라도 반드시 소재의 두께와 탄력 등을 고려하여 원단에 맞는 디자인(또는 디자인에 맞는 원단)을 선택하는 것이 중요합니다.

바닥판이 없는 형태

몸판의 모서리가
반듯한 형태
28쪽

몸판의 모서리가
둥근 형태
29쪽

몸판의 모서리에
다트가 들어간 형태
29쪽

몸판의 상단이나 하단에 다른 원단을 배치한 형태

상단에 다른 원단을
배치한 형태
30쪽

하단에 다른 원단을
배치한 형태
31쪽

바닥판이 접히는 형태

바닥판이 W형으로
접히는 형태
32쪽

바닥판이 J형으로
접히는 형태
33쪽

옆판이나 바닥판을 다른 원단으로 만든 형태

옆판의 원단이 다르고
모서리가 반듯한 형태
34쪽

옆판+바닥판의 원단이 다르고
모서리가 반듯한 형태
35쪽

바닥판의 원단이 다르고
모서리가 반듯한 형태
36쪽

옆판의 원단이 다르고
모서리가 둥근 형태
37쪽

옆판+바닥판의 원단이 다르고
모서리가 반듯한 형태
38쪽

바닥판의 원단이 다르고
모서리가 둥근 형태
39쪽

바닥판의 원단이 다르고
모양이 원형인 형태
40쪽

그 밖의 응용 형태

바닥 너비를 넓힌 형태
41쪽

입구 너비를 넓힌 형태
42쪽

절개하여 개더 주름을
넣은 형태
43쪽

절개하여 턱 주름을
넣은 형태
44쪽

입구와 손잡이에
테이프를 두른 형태
45쪽

입구를 다른 원단으로
감싼 형태
46쪽

- 28쪽부터 제도의 숫자 단위는 특별히 명시되지 않는 한 cm입니다.
- 28~46쪽 도안상의 원단 개수는 겉감 분만 표기하고 있습니다.

바닥판이 없는 형태

바닥판이 없어 납작한 모양의 가방입니다.

몸판의 모서리가 반듯한 형태

특징
바닥판 없이 몸판을 반으로 접어 만들기 때문에 쉽게 만들 수 있는 기본형 가방입니다. 부피가 작은 물건을 넣어 다닐 수 있는 기본 데일리 백으로 사용하면 좋습니다. 조금은 부담스럽게 느껴질 수 있는 큼직한 무늬가 들어가 있는 원단도 크게 신경 쓸 부분 없이 편하게 사용할 수 있습니다.

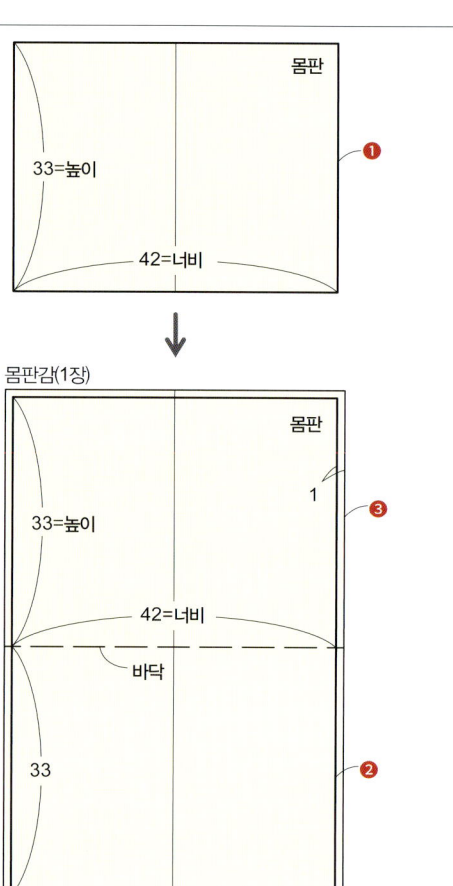

기준 치수_너비 42cm, 높이 33cm

제도하기
❶ '너비×높이'의 직사각형을 그린다.
❷ 같은 크기의 직사각형을 세로 방향으로 이어 그린다.
❸ 둘레에 1cm의 시접을 그린다.

원단에 무늬가 있어 방향을 맞춰야 하는 경우
'너비×높이'의 직사각형 2개를 따로 그린 다음 각각의 둘레에 시접 그린다. 그리고 앞뒤 몸판 원단의 방향을 맞춘 다음 바닥을 포함한 둘레를 박아 잇는다.

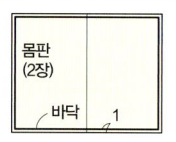

몸판의 모서리가 둥근 형태

특징
몸판의 모서리에 곡선을 넣은 디자인으로, 모서리가 곡선이 되려면 바닥을 접어서 재단할 수 없기 때문에 앞뒤 몸판을 따로 만듭니다. 모서리가 둥글기 때문에 부드러운 인상을 주는 가방입니다.

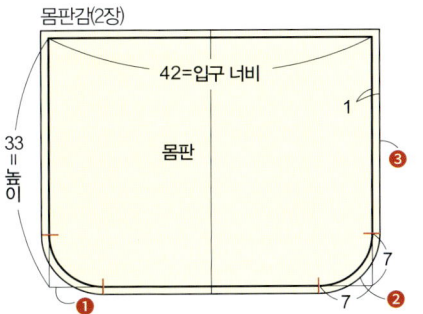

기준 치수_입구 너비 42cm, 높이 33cm

제도하기
❶ '입구 너비×높이'의 직사각형을 그린다.

❷ 모서리 끝에서 가로, 세로 방향으로 7cm 지점에 너치(맞춤점)를 표시하고, 부록의 7cm 곡선자를 이용해 지름 7cm의 곡선을 그린다.

※ 표시한 너치(맞춤점)는 곡선이 시작되고 끝나는 지점이 된다.

❸ 둘레에 1cm의 시접을 그린다.

몸판의 모서리에 다트가 들어간 형태

특징
몸판의 둥근 모서리 부분에 다트를 넣어 볼륨감을 살린 디자인입니다. 다트의 폭과 길이로 볼륨의 정도를 조절할 수 있으며 **몸판의 모서리가 반듯한 형태**(28쪽)보다 부피가 큰 물건을 넣을 수 있습니다.

> **다트의 시접 넘기기**
> 다트의 시접은 좌우 대칭으로 넘긴다. 단, 원단이 두꺼운 경우 앞뒤 몸판의 다트 시접 넘기는 방향을 서로 엇갈리게 하면 시접 부분이 불룩하지 않고 두께가 균일해진다.

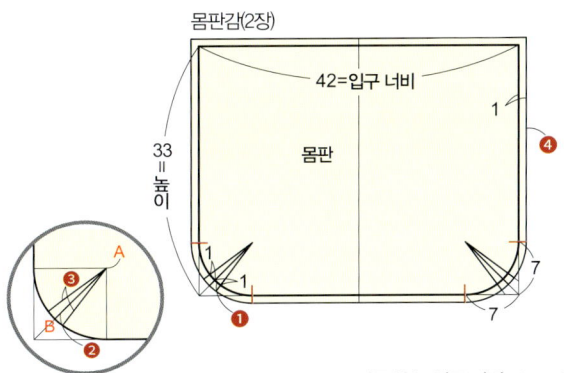

기준 치수_입구 너비 42cm, 높이 33cm

제도하기
❶ **몸판의 모서리가 둥근 형태**(29쪽 상단)의 ❶, ❷를 참고하여 제도한다.

❷ 너치에서 옆선과 바닥선에 평행한 선을 그어 만나는 지점 A(혹은 부록의 곡선 자를 이용해 표시)에서 모서리를 향해 대각선을 긋는다.

※ 7cm 지점에 표시한 너치를 이은 정사각형의 대각선을 잇는 선으로, 곡선의 중앙을 가르게 된다.

❸ ❷에서 그린 대각선과 곡선이 만나는 교점 B에서 좌우 1cm씩 선을 그어 다트를 만든다.

❹ 둘레에 1cm의 시접을 그린다.

몸판의 상단이나 하단에 다른 원단을 배치한 형태

가방의 상단 또는 하단에 다른 원단을 배치한 형태로, 패턴의 일부분을 잘라 다른 원단의 패턴으로 사용합니다.

상단에 다른 원단을 배치한 형태

특징
상단에 다른 원단을 배치하여 테두리를 두른 것처럼 보이는 형태입니다. 안감의 상단(안단)에는 자석 단추(64쪽)나 주머니(73쪽)를 달아 응용하기도 합니다.

제도하기
❶ A4 사이즈 기본 토트백(10쪽)과 동일한 방법으로 제도한다(시접 제외).

❷ 입구의 완성선에서 다른 원단으로 바꾸어 넣고 싶은 위치에 평행선(절개선)을 긋는다.

❸ ❷의 선에 맞추어 절개한 다음 각각의 둘레에 1cm의 시접을 그린다.

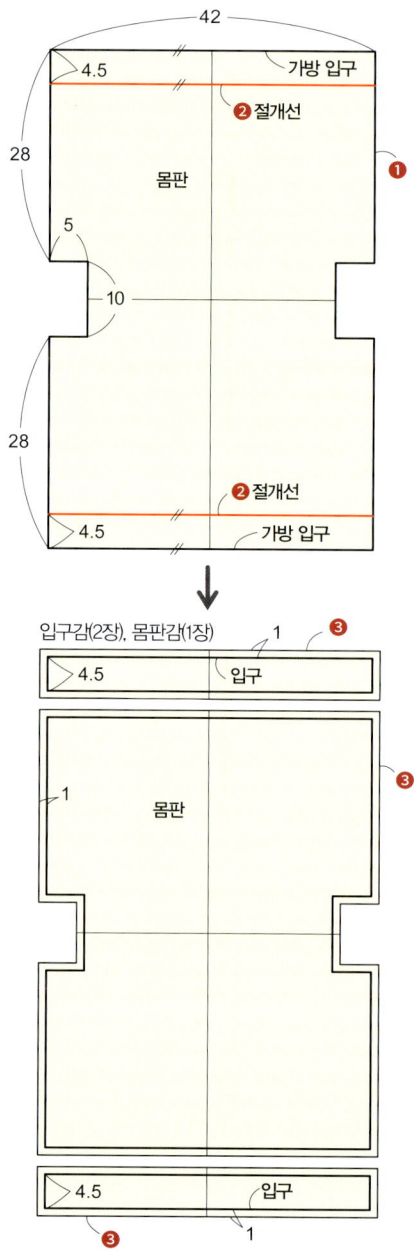

기준 치수_입구 너비 42cm, 높이 28cm, 바닥 폭 10cm, 입구감 높이 4.5cm

하단에 다른 원단을 배치한 형태

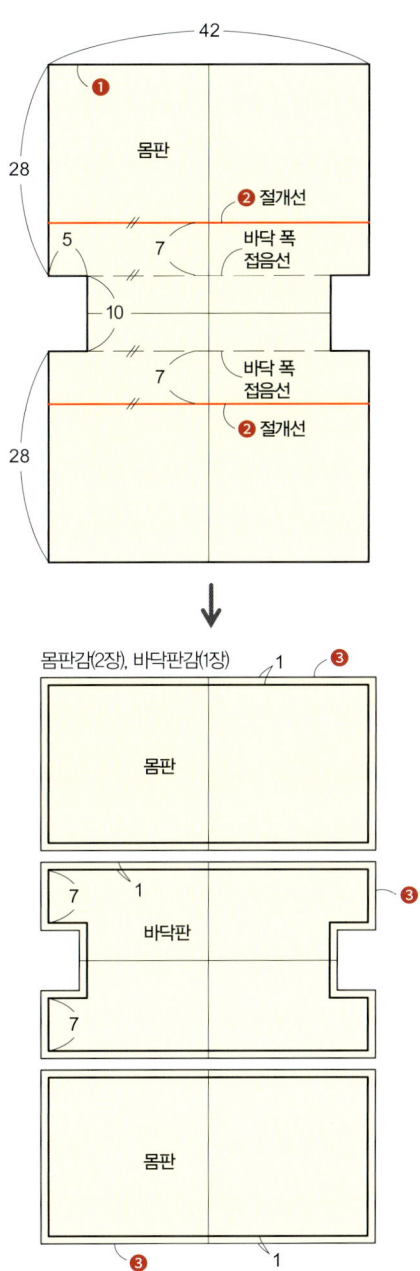

특징
바닥 쪽에 절개를 넣어 다른 원단을 배치한 형태로, 바닥 감을 두꺼운 감으로 하면 더 안정감 있는 가방으로 만들 수 있습니다. 이 형태는 하단 절개선부터 시작하는 손잡이를 다는 형태로 응용할 수 있습니다 (88쪽 참조).

제도하기
❶ A4 사이즈 기본 토트백(10쪽)과 동일한 방법으로 제도한다(시접 제외).

❷ 바닥 폭 접음선에서 다른 원단을 바꾸어 넣고 싶은 위치에 평행선 (절개선)을 긋는다.

❸ ❷의 선에 맞추어 절개한 다음 각각의 둘레에 1cm의 시접을 그린다.

기준 치수_ 입구 너비 42cm, 높이 28cm, 바닥 폭 10cm, 바닥감 높이 7cm

바닥판이 접히는 형태

바닥이 접히는 바닥 폭 디자인 2종을 소개합니다.

바닥판이 W형으로 접히는 형태

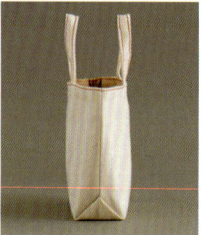

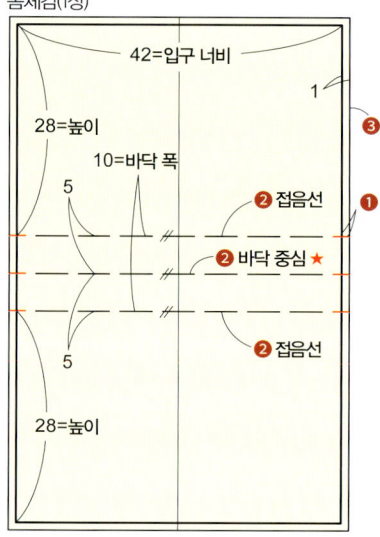

기준 치수_입구 너비 42cm, 높이 28cm, 바닥 폭 10cm

특징
가방 옆면을 봤을 때 바닥의 양옆에 삼각형 돌출부가 생기는 것이 특징인 형태. 바닥 폭의 각진 부분을 자르지 않고 만듭니다. 두꺼운 원단 한 장으로 가방을 만들 때 적합한 형태입니다.

제도하기
❶ 「'입구 너비'×'높이+바닥 폭+높이'」의 직사각형을 그리되, 높이, 바닥 폭, 높이는 각각의 지점에 표식을 남겨둔다.

❷ ❶에서 표시한 표식을 연결하여 바닥 폭의 선(접음선)과 바닥 중심의 선을 평행하게 긋는다.

❸ 둘레에 1cm의 시접을 그린다.

바닥판 접는 법
그림처럼 접어 옆솔기를 박는다. 안감을 대는 경우에는 그림과 같은 방식이 아니라 A4 사이즈 기본 토트백(10쪽)의 방법을 참조한다.

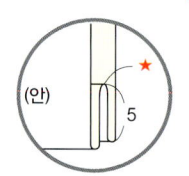

바닥판이 J형으로 접히는 형태

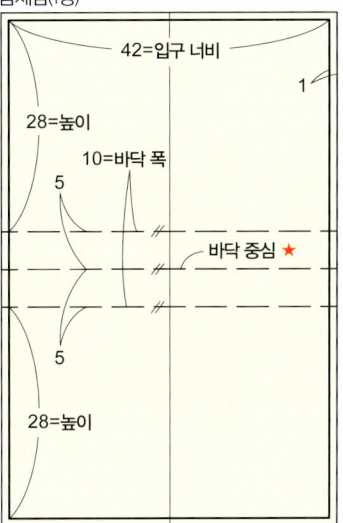

기준 치수_입구 너비 42cm, 높이 28cm, 바닥 폭 10cm

특징
바닥 아래에서 봤을 때 바닥의 양옆에 삼각형으로 우묵한 틈이 생기는 것이 특징인 형태. W형과 마찬가지로 두꺼운 원단 한 장으로 이루어진 가방을 만들 때 적합할 뿐 아니라 바닥을 평평하게 접을 수 있어 복주머니 형태의 가방을 만들기에도 좋습니다.

제도하기
바닥판이 W형으로 접히는 형태(32쪽)를 참고하여 제도한다.

바닥판 접는 법

바닥판이 W형으로 접히는 형태와의 차이점은 바닥을 접는 방식뿐이다. 그림처럼 접어 옆솔기를 박는다.

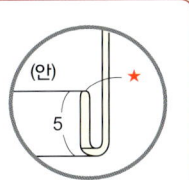

옆판이나 바닥판을 다른 원단으로 만든 형태

옆판이나 바닥판을 다른 원단으로 조합한 디자인으로, 반듯한 모서리와 둥근 모서리로 나눠집니다.

옆판의 원단이 다르고 모서리가 반듯한 형태

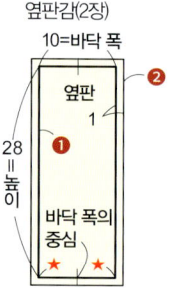

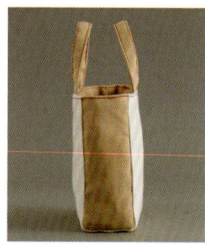

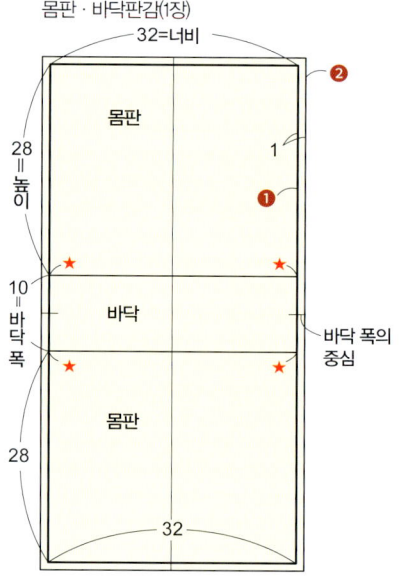

기준 치수_너비 32cm, 높이 28cm, 바닥 폭 10cm

특징
앞판과 뒤판, 바닥판을 이어서 재단한 것에 양옆의 옆판을 봉합한 형태입니다.

제도하기
몸체 ····· ❶ 「'너비'×'높이+바닥 폭+높이'」의 직사각형을 그린다.
❷ 둘레에 1cm의 시접을 그린다.

옆판 ····· ❶ '바닥 폭×높이'의 직사각형을 그린다.
❷ 둘레에 1cm의 시접을 그린다.

- 34~36쪽 3가지 패턴의 디자인은 A4 사이즈 기본 토트백(10쪽)의 패턴으로 만들면 편리합니다.

> **바느질 포인트**
> 옆판의 모서리와 맞출 몸판+바닥판의 ★의 시접에 가위집을 넣는다. 옆판 및 몸판+바닥판의 바닥 폭의 중심을 맞추고 시침핀으로 시접을 고정한 다음 몸판+바닥판의 가위집을 벌리며 몸판 쪽을 꺾어 박는다.

옆판+바닥판의 원단이 다르고 모서리가 반듯한 형태

특징
옆판과 바닥판을 이어서 재단한 것을 몸판에 붙인 형태입니다. 몸판이 분리되어 있으므로 몸판의 형태를 바꿀 수도 있습니다(38쪽 참조).

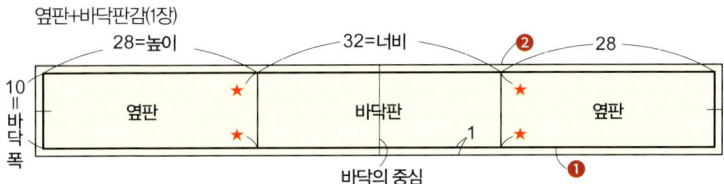

기준 치수_너비 32cm, 높이 28cm, 바닥 폭 10cm

제도하기
몸판 .... ❶ '너비×높이'의 직사각형을 그린다.

❷ 둘레에 1cm의 시접을 그린다.

옆판+바닥판 .. ❶ 「'높이+너비+높이'×'바닥 폭'」의 직사각형을 그린다.

❷ 둘레에 1cm의 시접을 그린다.

바느질 포인트
몸판의 모서리와 맞출 옆판+바닥판의 ★의 시접에 가위집을 넣는다. 몸판과 바닥판의 중심을 맞추고 시침핀으로 시접을 고정한 다음, 옆판+바닥판의 가위집을 벌리며 옆판을 꺾어 박는다.

바닥판의 원단이 다르고 모서리가 반듯한 형태

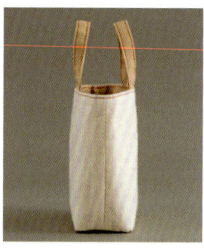

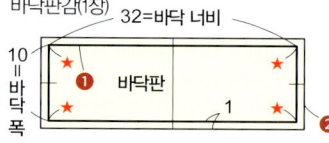

기준 치수_바닥 너비 32cm, 높이 28cm, 바닥 폭 10cm

특징
앞뒤 몸판의 양옆을 봉합하여 원통 모양으로 만든 다음 바닥을 붙인 형태. 바닥이 분리되어 있으므로 바닥의 형태를 바꿀 수도 있습니다(40쪽 참조).

제도하기
몸판 ..... ❶ 「'바닥 너비+바닥 폭'דׂ높이'」의 직사각형을 그린다.

❷ 둘레에 1cm의 시접을 그린다.

바닥판 .. ❶ '바닥 너비×바닥 폭'의 직사각형을 그린다.

❷ 둘레에 1cm의 시접을 그린다.

바느질 포인트

바닥판 모서리와 맞출 몸판 ★의 시접에 가위집을 넣는다. 몸판 및 바닥판의 중심과 ★을 맞추고 시침핀으로 시접을 고정한 다음, 몸판의 가위집을 벌리며 가위집 이후의 몸판 쪽을 꺾어 박는다.

옆판의 원단이 다르고 모서리가 둥근 형태

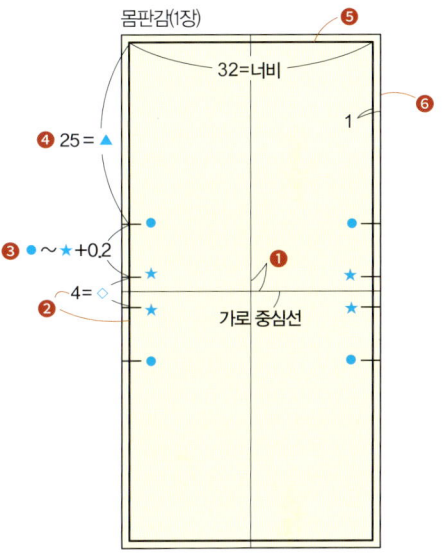

기준 치수_입구 너비 42cm, 높이 28cm, 바닥 폭 10cm

특징
앞뒤 몸판과 바닥판을 이어서 재단한 것에 양 옆판을 붙인 형태. **옆판의 원단이 다르고 모서리가 반듯한 형태**(34쪽)의 옆판 하단에 곡선을 넣은 디자인입니다.

제도하기

옆판 ❶ '바닥 폭×높이'의 직사각형을 그린다.

❷ 모서리 끝에서 가로, 세로 방향으로 3cm 지점에 맞춤점(★, ●)을 표시하고, 부록의 3cm 곡선 자를 이용해 지름 3cm의 곡선을 그린다.

❸ 둘레에 1cm의 시접을 그린다.

몸판 ❶ A4 사이즈 기본 토트백 만들기(11쪽)를 참고해 몸체의 중심선(가로/세로)을 긋는다.

❷ 가로 중심선의 위·아래에 ◇ 길이(옆판의 바닥 부분 직선 길이)만큼을 표시한다.

❸ 그 위아래에 ★~●(옆판의 바닥 부분 곡선 길이)+0.2cm위치를 표시한다.

❹ 다시 그 위아래에 ▲ 길이(가방 높이에서 옆판의 곡선 부분을 뺀 길이) 만큼을 표시한다.

❺ 몸판의 높이가 정해졌으므로, '너비×높이(❷~❹)의 2배'의 직사각형(완성선)을 그린다.

❻ 둘레에 1cm의 시접을 그린다.

> **바느질 포인트**
> 몸판의 ★와 ● 사이의 시접에 0.8cm 간격으로 가위집을 넣는다. 옆판의 바닥 폭 중심과 몸판의 가로 중심을 맞추고 시침핀으로 고정한 다음, 몸판의 가위집을 벌리며 몸판 쪽을 꺾어 박는다.

옆판+바닥판의 원단이 다르고 모서리가 둥근 형태

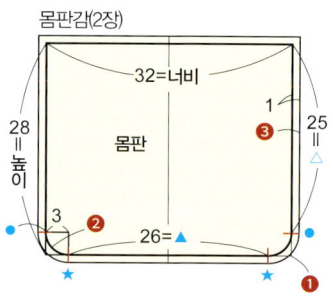
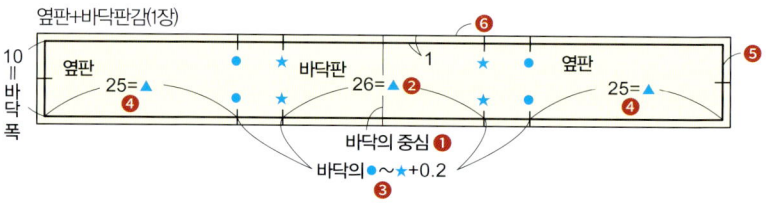

기준 치수_너비 32cm, 높이 28cm, 바닥 폭 10cm

특징
하단이 곡선인 앞뒤 몸판에 옆판과 바닥판이 이어진 것을 붙이는 형태. **옆판+바닥판의 원단이 다르고 모서리가 반듯한 형태**(35쪽)의 몸판 바닥에 곡선을 넣어 변형한 형태입니다.

바느질 포인트
옆판+바닥판의 ★와 ● 사이의 시접에 0.8cm 간격으로 가위집을 넣는다. 몸판의 중심선과 옆판+바닥판의 바닥 중심선을 맞추고 시침핀으로 고정한 다음, 옆판+바닥판의 가위집을 벌리며 옆판을 꺾어 박는다.

제도하기

몸판
❶ '너비×높이'의 직사각형을 그린다.
❷ 모서리 끝에서 가로, 세로 방향으로 3cm 지점에 맞춤점(★, ●)을 표시하고, 부록의 3cm 곡선 자를 이용해 지름 3cm의 곡선을 그린다.
❸ 둘레에 1cm의 시접을 그린다.

옆판+바닥판
❶ 바닥의 중심이 될 세로선을 긋는다.
❷ 바닥의 중심을 기준으로 양쪽에 ▲ 길이(몸판의 바닥 부분 직선 길이) 만큼을 표시한다.
❸ 그 양옆에 ★~●(몸판의 바닥 부분 곡선 길이)+0.2cm 만큼을 표시한다.
❹ 다시 그 양옆에 △ 길이(가방 높이에서 몸판의 곡선 부분을 뺀 길이) 만큼을 표시한다.
❺ 옆판+바닥판의 너비가 정해졌으므로, 「'옆판+바닥판 너비'×'바닥 폭'」의 직사각형(완성선)을 그린다.
❻ 둘레에 1cm의 시접을 그린다.

바닥판의 원단이 다르고 모서리가 둥근 형태

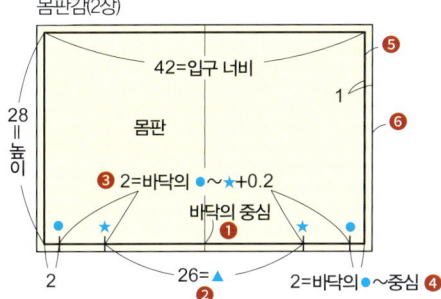

기준 치수_바닥 너비 32cm, 바닥 폭 10cm, 입구 너비 42cm, 높이 28cm

특징
앞뒤 몸판의 양옆을 봉합하여 원통 모양으로 만든 다음 바닥을 봉합한 형태. **바닥판의 원단이 다르고 모서리가 반듯한 형태**(36쪽)의 바닥과 비교해 봅시다.

제도하기

바닥판
1. '바닥 너비×바닥 폭'의 직사각형을 그린다.
2. 모서리 끝에서 가로, 세로 방향으로 3cm 지점에 맞춤점(★, ●)을 표시하고, 부록의 3cm 곡선 자를 이용해 지름 3cm의 곡선을 그린다.
3. 둘레에 1cm의 시접을 그린다.

몸판
1. 바닥의 중심이 될 세로선을 긋는다.
2. 바닥의 중심을 기준으로 양쪽에 ▲ 길이(바닥 너비의 직선 부분) 만큼을 표시한다.
3. 그 양옆에 ★~●(바닥판의 모서리 곡선 길이)+0.2cm만큼을 표시한다.
4. 다시 그 양옆에 ●~옆솔기까지의 길이 만큼을 표시한다.
5. 몸판의 너비가 정해졌으므로, '너비(②~④)×높이'의 직사각형(완성선)을 그린다.
6. 둘레에 1cm의 시접을 그린다.

바느질 포인트
몸판의 ★와 ● 사이의 시접에 0.8cm 간격으로 가위집을 넣는다. 바닥판의 중심과 몸판의 중심, 그리고 맞춤점을 맞추고 시침핀으로 고정한 다음, 가위집을 벌리며 가위집 부분의 몸판 쪽을 꺾어 박는다.

바닥판의 원단이 다르고 모양이 원형인 형태

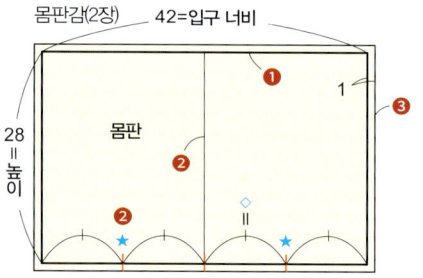

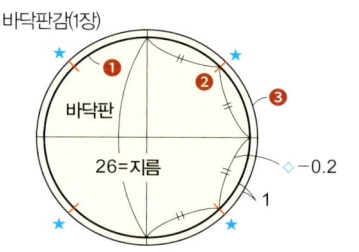

기준 치수_입구 너비 42cm, 높이 28cm

특징
앞뒤 몸판의 양옆을 봉합하여 원통 모양으로 만든 다음 원형 바닥에 맞춰서 박은 형태. <u>1줄 기본 손잡이</u>(54쪽)를 달아도 어울립니다.

제도하기
몸판 ····· ❶ '입구 너비×높이'의 직사각형을 그린다.

❷ 너비의 중심선을 긋고 바닥과 맞닿을 아래쪽을 4등분(◇)한 다음 맞춤점을 표시(★)한다.

❸ 둘레에 1cm의 시접을 그린다.

바닥판 ·· ❶ '입구 너비÷4=◇'이므로, '(◇-0.2)×8÷원주율=지름'인 원을 그린다.

❷ 원주를 8등분(45° 씩)한 다음 맞춤점을 표시(★)한다.

❸ 둘레에 1cm의 시접을 그린다.

바닥부터 먼저 제도하는 법
우선 원형 바닥판의 크기를 정하여 바닥판을 그린 다음, '지름×원주율÷8+0.2=◇'를 계산해서 '◇×4'를 입구 너비로 하는 몸판을 그린다.

그 밖의 응용 형태

입구나 바닥의 너비를 넓히거나 가방 입구의 형태를 바꾸는 등 다양하게 응용한 형태들을 소개합니다.

바닥 너비를 넓힌 형태

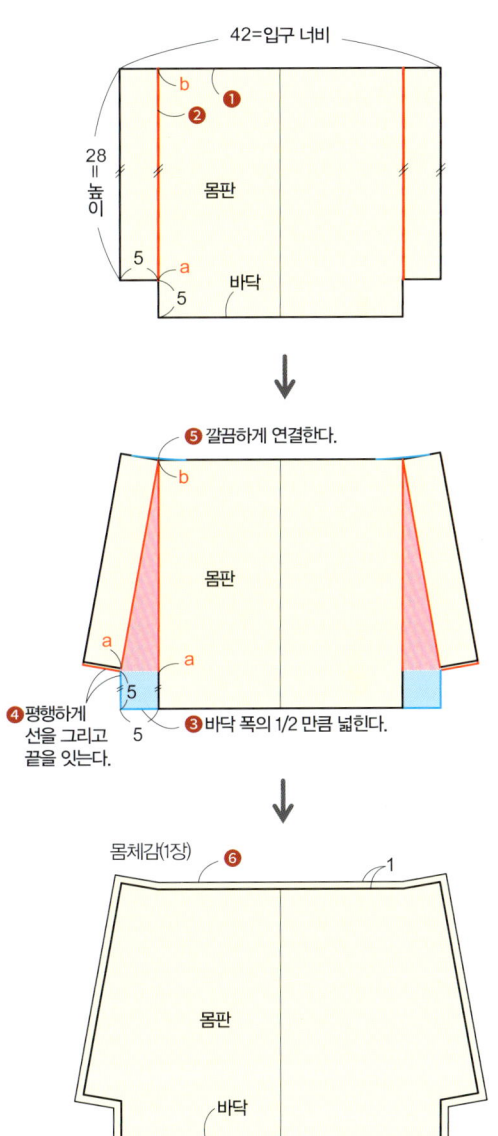

기준 치수_입구 너비 42cm, 높이 28cm, 바닥 폭 10cm

특징
가방 입구의 너비는 A4 사이즈 기본 토트백(10쪽)과 같고, 바닥 너비를 바닥 폭만큼 넓힌 형태. 바닥 부분이 넓어서 안정감을 느낄 수 있습니다.

제도하기
❶ A4 사이즈 기본 토트백(10쪽)을 참고하여 몸판을 제도한다(시접 제외).

❷ 바닥 모서리의 점 a에서 가방 입구 방향으로 옆선과 평행하게 수직선을 긋는다. 이때 입구 선과 만나는 점을 b라고 한다.

❸ 바닥의 끝부분을 바닥 폭의 1/2 만큼 넓히고, ab를 절개하여 연다.

❹ 연장한 바닥 너비 선(❷) 끝과 절개하여 연 곳 안쪽 끝을 연결하는 선을 옆선과 평행하게 긋고, 절개하여 열린 바깥쪽 끝과 평행선 끝부분을 이어준다.

❺ 가방 입구를 깔끔하게 연결한다.

❻ 둘레에 1cm의 시접을 그린다.

- 41~46쪽은 이해하기 쉽게 반쪽만 그려서 설명하고 있습니다. 패턴을 만들 때는 바닥 쪽에도 시접을 그리거나(앞뒤판 2장) 바닥을 반으로 접는 형태(1장)로 만들어 주세요.

입구 너비를 넓힌 형태

특징
바닥의 너비는 A4 사이즈 기본 토트백(10쪽)와 같고, 입구의 너비를 바닥 폭만큼 넓힌 형태. 가방 입구가 넓은 것이 마르쉐백을 연상하게 합니다.

제도하기
❶ A4 사이즈 기본 토트백(10쪽)을 참고하여 제도한다(시접 제외).
❷ 바닥 모서리의 점 a에서 가방 입구 방향으로 옆선과 평행하게 수직선을 긋는다. 이때 입구 선과 만나는 점을 b라고 한다.
❸ ab를 절개하여 열고 가방 입구의 너비를 바닥 폭의 1/2만큼 연장한다.
❹ 가방 입구를 깔끔하게 연결한다.
❺ 둘레에 1cm의 시접을 그린다.

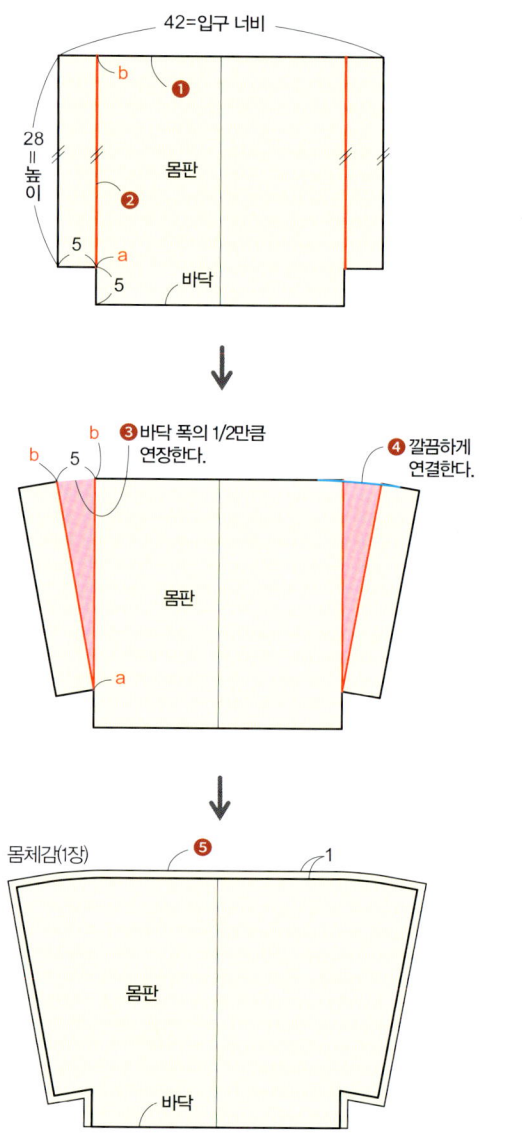

기준 치수_입구 너비 42cm, 높이 28cm, 바닥 폭 10cm

절개하여 개더 주름을 넣은 형태

특징
주름을 잡을 수 있도록 옆선을 확장한 형태. 가방 입구는 **상단에 다른 원단을 배치한 형태**(30쪽)를 응용했습니다. 자연스러운 주름을 만들기 위해 몸판의 원단은 부드러운 것을 사용하고, 상단의 배색 원단은 힘 있고 빳빳한 것을 사용합니다.

※개더: 천에 홈질을 한 뒤 잡아당겨 만든 잔주름(주름이 불규칙함)

제도하기
❶ **상단에 다른 원단을 배치한 형태**(30쪽)를 참고하여 제도한다.
❷ 몸판 한쪽 면의 상단을 2등분(★)하고 모서리 끝을 a라고 한다.
❸ a에서 바깥쪽으로 ★길이만큼 연장선을 긋는다.
❹ 중심선을 2cm 올린 위치와 ❸의 연장선에서 2cm 내려간 위치(b)를 a를 통과하며 완만하게 연결한다.
❺ b에서 아래로 높이 길이만큼 수직선을 긋고 이 위치를 c라고 한다.
❻ c에서 몸판 방향으로 바닥 폭의 1/2 길이만큼 수직선을 긋는다. 그리고 중심선과 평행하게 선을 긋고, 중심선 방향으로 한 번 더 수직선을 긋는다.
❼ 반대쪽도 대칭으로 제도해서 둘레에 1cm의 시접을 그린다.

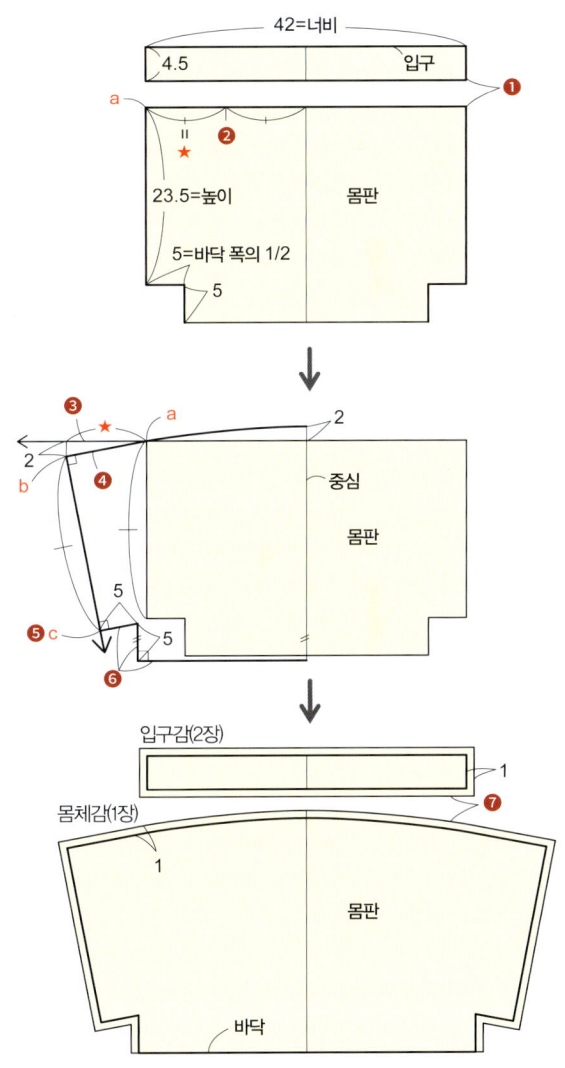

기준 치수_입구 너비 42cm, 높이 28cm, 바닥 폭 10cm

중심 표시 잊지 않기
주름을 잡기 전 원단이 평평할 때 중심이 제대로 표시되어 있는지 확인할 것. 입구감과 맞춰 박을 때 중심 표시가 중요하다.

절개하여 턱 주름을 넣은 형태

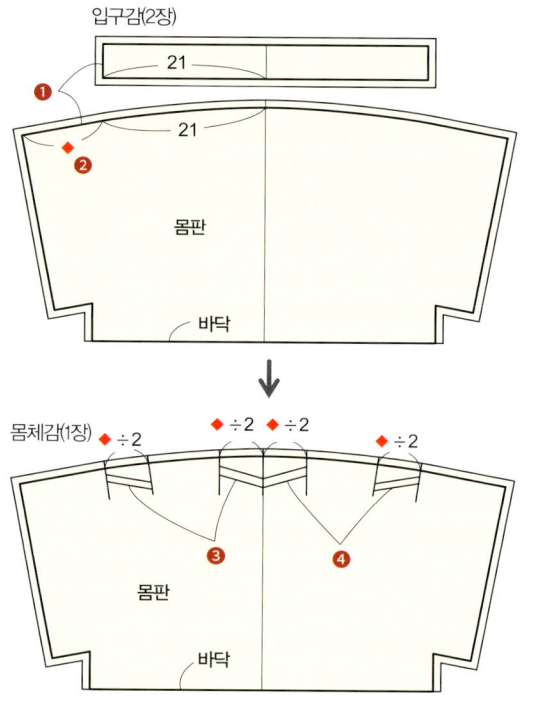

기준 치수_입구 너비 42cm, 높이 28cm, 바닥 폭 10cm

특징
절개하여 개더 주름을 넣은 형태(43쪽)와 같은 형태의 가방이지만 불규칙한 개더 주름과 달리 일정한 간격의 턱 주름이기 때문에 느낌이 사뭇 다릅니다. 스트라이프나 체크 무늬 원단을 사용하면 주름을 접기 쉬워요.

※턱: 일정한 규칙이나 간격을 갖는 주름

제도하기
❶ 절개하여 개더 주름을 넣은 형태(43쪽)를 참고하여 제도한다.

❷ 몸판 왼쪽 면의 너비에서 입구 왼쪽 면의 너비를 뺀 길이(◆)를 재고 표시한다.

❸ ◆을 2등분하여 도안과 같이 한 쪽에 두 군데씩 턱 주름을 잡을 위치를 표시한다.

❹ 반대쪽에도 ❷~❸ 과정대로 표시한다.

> **턱 주름 고정하기**
> 턱 주름을 접어서 다리미로 누른 다음 시접을 재봉틀로 박아서 임시로 고정해 두면 손쉽게 상단 배색 원단을 이어 박을 수 있다.

입구와 손잡이에 테이프를 두른 형태

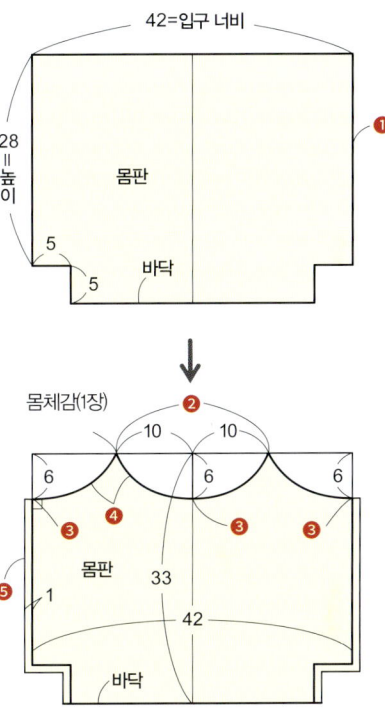

기준 치수_입구 너비 42cm, 높이 28cm, 바닥 폭 10cm

특징
A4 사이즈 기본 토트백(10쪽)의 가방 입구 디자인을 응용한 디자인. 2cm 폭의 테이프를 손잡이로 사용했습니다. 손잡이 부분을 길게 하면 어깨에 멜 수도 있어요.

제도하기
❶ A4 사이즈 기본 토트백(10쪽)을 참고하여 제도한다(시접 제외).

❷ 입구의 중심에서 좌우 10cm 위치를 표시한다.

❸ 입구의 중심과 양끝 가장자리에서 아래로 6cm 위치를 표시한다.

❹ ❷와 ❸의 표시를 연결하는 곡선을 그린다.

❺ 입구의 곡선은 잘라내고 양끝 가장자리의 둘레에 1cm의 시접을 그린다.

입구를 다른 원단으로 감싼 형태

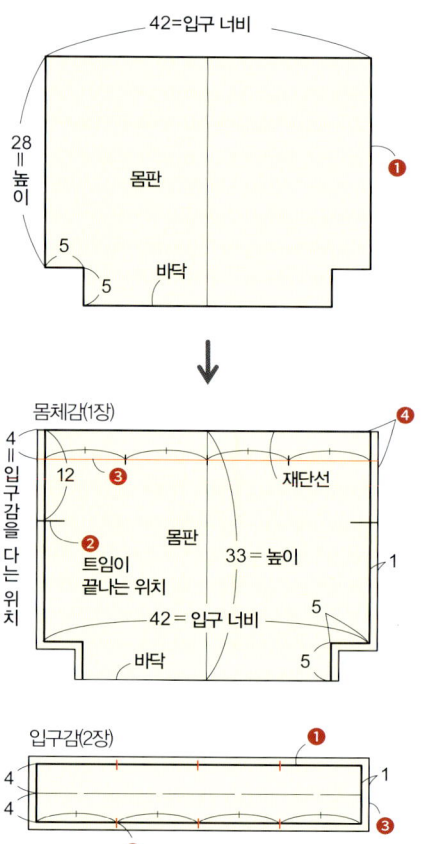

특징
A4 사이즈 기본 토트백(10쪽)의 가방 입구를 응용한 디자인. 가방의 입구를 입구감으로 감싸서 링 손잡이를 달았습니다. 바닥 너비의 절반 미만인 13~15cm 정도의 손잡이를 사용하면 주름이 예쁘게 모아집니다.

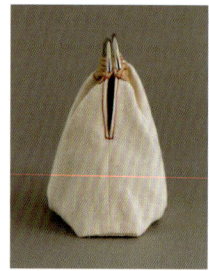

기준 치수_입구 너비 42cm, 높이 28cm, 바닥 폭 10cm, 입구감 높이 4cm

제도하기

몸판 ❶ A4 사이즈 기본 토트백(10쪽)을 참고하여 몸판을 제도한다(시접 제외).

❷ 옆선의 트임이 끝나는 위치(12cm)를 표시한다.

❸ 입구감을 다는 위치에 수평선을 긋고, 수평선을 4등분하여 너치(맞춤점)를 표시한다.

❹ 가방 입구 부분을 잘라내고 그 외의 부분은 1cm의 시접을 그린다.

입구감... ❶ '입구 너비×입구감 높이의 2배'의 직사각형을 그린다.

❷ 긴 부분을 4등분해서 너치(맞춤점)를 표시한다.

❸ 둘레에 1cm의 시접을 그린다.

입구감을 감싸는 방법
몸체의 안감과 겉감 사이에 링 손잡이를 끼우고 몸판과 입구감의 너치(맞춤점)를 딱 맞춘 다음 몸판의 입구를 입구감으로 감싼다.

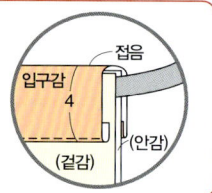

바닥 심에 대하여

무거운 물건을 넣거나 바닥 폭이 넓은 가방의 바닥 형태를 유지하고 싶다면 바닥 심을 넣는 것이 좋습니다. 하나 만들어두면 바닥 크기가 같은 다른 가방에도 쓸 수 있습니다.

바닥 심의 재료

사진의 재료는 발포 폴리에틸렌 제품의 시트 형태 심 재료입니다. 수예점이나 가방 부자재 판매점 등에서 구입할 수 있습니다. 색깔은 흰색과 검정색이 있으므로 원단의 색깔에 맞춰 선택합니다. 두께는 0.5~3mm 사이에서 여러 종류가 있습니다만 1.5mm 정도가 사용하기 편리하므로 추천합니다. 가정용 재봉틀로도 박음질할 수 있습니다.

탈부착이 가능한 바닥 심 만드는법

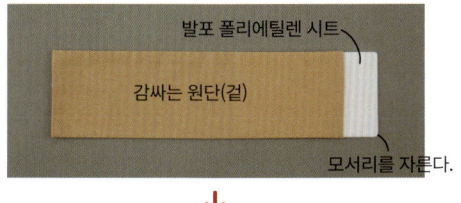

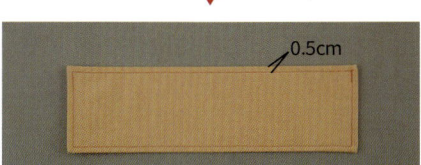

① 발포 폴리에틸렌 시트를 가방 바닥의 크기보다 가로/세로 각 0.5cm씩 짧게 자른다.

② 발포 폴리에틸렌 시트의 모서리를 곡선으로 자르거나 비스듬한 45°로 잘라낸다.

③ 시트를 감싸는 원단은 바닥의 2배 너비에 1cm의 시접을 더해 2장 재단한다.

④ 시트를 감싸는 원단을 겉과 겉이 마주보게 놓고 짧은 변 하나를 남겨둔 채 둘레를 박음질한다.

⑤ 원단을 겉으로 뒤집어서 발포 폴리에틸렌 시트를 안에 넣고 시접을 접어 넣는다. 끝에서 0.5cm 위치에 시트와 원단을 함께 둘러 박는다.

step 2 | 부분별로 응용하기

손잡이의 응용

이 부분

손잡이는 손으로 들 것인지, 어깨에 멜 것인지, 크로스로 멜 것인지
또는 길이의 조절이나 탈부착이 가능하게 할 것인지, 2way로 쓸 것인지 등을 고려하여
기능적인 면에서 형태를 생각하고
자신의 체형에 맞게 폭과 길이를 정해야 합니다.
가늘고 긴 부분이라 원단이 적게 사용될 것이라 생각할 수 있지만
예상한 것보다 원단이 부족한 경우도 많습니다.
처음부터 정확히 치수를 재어서 필요한 원단의 양을 알아두세요.
그럼에도 원단에 여유분이 없거나 몸체 부분과 같은 원단으로 만들기 어려울 때는
다른 원단을 사용하여 포인트를 주는 것도 좋은 방법입니다.
또한 금속 부자재를 쓸 경우에는 손잡이의 너비를 미리 정하여
그에 맞는 사이즈의 부자재를 준비해 두도록 합니다.

2줄 손잡이

2줄 기본 손잡이
50쪽

양면 손잡이
50쪽

테이프를 덧댄 손잡이
51쪽

쥐는 부분만 반으로 접은 손잡이
51쪽

사각링을 끼운 손잡이
52쪽

둥근 심을 넣은 손잡이
52쪽

상침으로 고정한 손잡이
53쪽

양면 징으로 고정한 손잡이
53쪽

1줄 손잡이

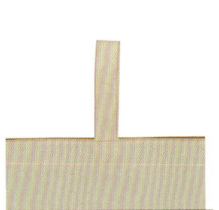
1줄 기본 손잡이
54쪽

숄더 스트랩
54쪽

리본 숄더 스트랩
55쪽

왈자조리개와 사각링을 단
숄더 스트랩
55쪽

왈자조리개와 개고리, D링을 단
숄더 스트랩
56쪽

버클과 아일렛을 단
숄더 스트랩
57쪽

2줄 손잡이

앞판과 뒤판에 각각 손잡이를 다는 형태입니다. 손잡이 끝을 가방 입구의 겉감과 안감 사이에 끼워서, 혹은 겉감의 바깥에 달게 됩니다.

2줄 기본 손잡이

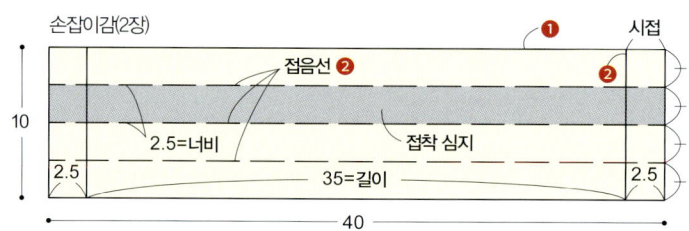

기준 치수_손잡이 너비 2.5cm, 손잡이 길이 35cm

제도하기

❶ 「'손잡이 길이+양끝 시접'×'손잡이 너비의 4배'」의 직사각형을 그린다.

❷ 너비를 4등분한 접음선과 양끝의 시접선을 그린다.

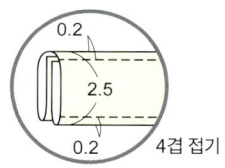

접착 심지 붙이기
접착 심지는 완성되었을 때 겉면이 되는 곳에 붙인다. 원단이 얇아서 단단하게 만들고 싶을 때는 너비의 2배로 잘라 중앙(2줄 분)에 붙이고, 더 튼튼하게 만들고 싶다면 전면(4줄 분)에 붙인다.

특징
4겹으로 접어서 양쪽 끝을 재봉틀로 박은 기본 손잡이입니다. 두께가 균일하고 견고한 손잡이가 됩니다.

양면 손잡이

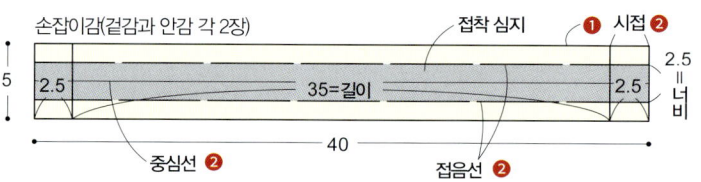

기준 치수_손잡이 너비 2.5cm, 손잡이 길이 35cm

제도하기

❶ 「'손잡이 길이+양끝 시접'×'손잡이 너비의 2배'」의 직사각형을 그린다.

❷ 너비를 4등분하여 중심선과 접음선을 그리고, 양끝의 시접선을 그린다.

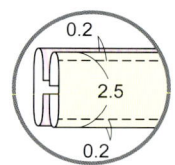

접착 심지 붙이기
접착 심지는 완성 너비로 자른 것을 겉감과 안감에 각각 붙인다. 너무 두꺼울 것 같으면 한쪽 면에만 붙여도 된다.

특징
뒤집어서도 사용할 수 있는 양면(리버서블) 가방을 만들 때 적합한 손잡이입니다. 두꺼운 겉감에 얇은 안감을 조합해도 됩니다.

테이프를 덧댄 손잡이

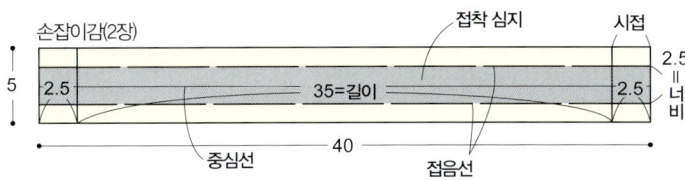

기준 치수_손잡이 너비 2.5cm, 손잡이 길이 35cm

제도하기
양면 손잡이(50쪽)를 참고하여 제도한다.

테이프 덧대기
테이프나 리본 끈은 완성선과 같거나 조금 작은(좁은) 것을 선택하고, 접은 원단의 안과 테이프의 안을 맞대어 박는다.

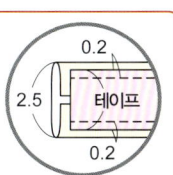

특징
양면 손잡이의 겉감 또는 안감 대신 테이프나 리본 끈을 겹친 손잡이입니다. 원단이 얇을 경우 튼튼한 테이프를 덧대서 보강하거나, 리본 끈으로 포인트를 주는 형태이며, 사진처럼 테이프(리본) 부분이 겉으로 보여도 좋고, 원단 부분이 겉으로 보여도 좋아요.

쥐는 부분만 반으로 접은 손잡이

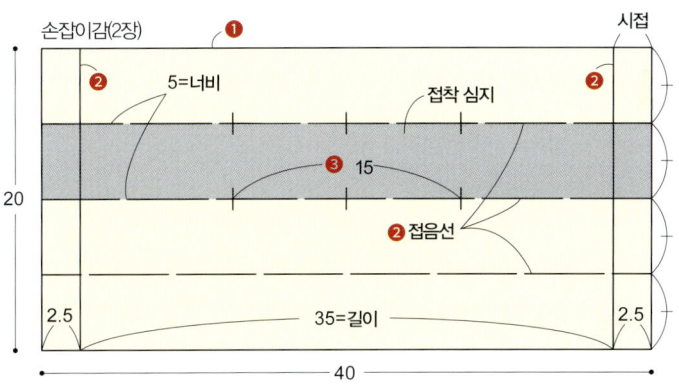

기준 치수_손잡이 너비 5cm, 손잡이 길이 35cm

제도하기
❶ 2줄 기본 손잡이(50쪽)를 참고하여 직사각형을 그리되, 너비는 두 배로 그린다.
❷ 너비를 4등분한 접음선을 그리고, 양끝의 시접선을 그린다.
❸ 중심 접음선의 중앙에 15cm를 표시한다.

박음질 포인트
4겹 접기를 한 후 양쪽 끝을 각각 ㄷ자로 박은 다음, 중앙 부분을(15cm) 반으로 접어서 박음질한다. 이렇게 나눠서 박으면 두꺼워져도 밀리지 않아 깔끔하게 완성할 수 있다.

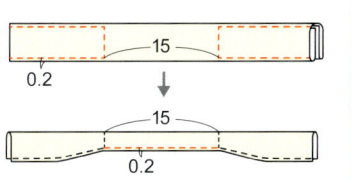

특징
손잡이가 넓은 경우 손에 쥘 부분을 반으로 접어 박아주면 잡기가 훨씬 편합니다. 손잡이를 붙일 가방 입구 부분은 2줄 기본 손잡이(50쪽)의 2배인 5cm 너비로, 손으로 쥘 중앙 부분은 반으로 접어 2.5cm 너비로 만듭니다.

사각링을 끼운 손잡이

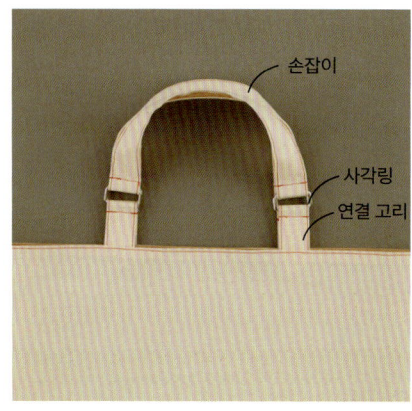

특징
손잡이 사이에 링을 끼우면 디자인 포인트가 되어 보기에 좋고, 손잡이가 잘 젖혀져 사용하기 편리합니다. 손잡이(사각링의 위쪽)는 **2줄 기본 손잡이**(50쪽), 연결 고리(사각링의 아래쪽)는 **양면 손잡이**(50쪽)와 같은 방법으로 디자인합니다.

기준 치수_전체 길이 35cm+사각링 길이, 손잡이 너비 2.5cm, 연결 고리 길이 4cm

제도하기

연결 고리 … 「{연결 고리 길이+시접}의 2배'×'너비의 2배」의 직사각형을 그리고, 중심선과 접음선, 양끝의 시접선을 그린다.

손잡이 …… 「전체 길이-연결 고리 길이-사각링 길이+양끝의 시접'×'너비의 4배」의 직사각형을 그리고, 접음선과 양끝의 시접선을 그린다.

시접 잘라내고 사각링 끼우기
원단이 너무 두꺼우면 사각링을 끼우기 어려우므로, 시접의 일부분을 잘라낸 후 4겹 접기를 한다. 그리고 사각링을 끼우고 시접을 접어 박음질한다.

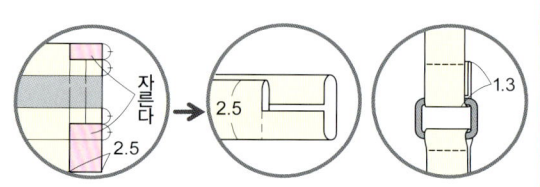

둥근 심을 넣은 손잡이

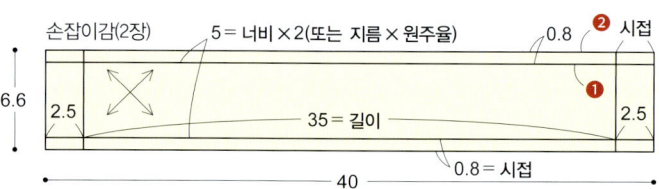

기준 치수_손잡이 길이 35cm, 손잡이 너비 2.5cm

제도하기

❶ '길이×너비의 2배(혹은 만들고 싶은 지름×원주율)'의 직사각형을 그린다.

❷ 너비의 위아래에 0.8cm, 길이의 양끝에 2.5cm의 시접을 그린다.

특징
손잡이를 둥글게 만들어 그립감이 좋습니다. 정 바이어스(대각선 방향)로 마름질한 원단을 원통 모양으로 박음질하고, 안에 손잡이용 둥근 심을 끼워 만듭니다.

둥근 심 끼우기
겉과 겉이 마주하게 반으로 접어 박음질하고 다리미로 시접을 갈라준 다음, 뒤집개 등을 이용해 겉으로 뒤집어 심을 끼운다. 곡선 모양을 예쁘게 잡아주기 위해 적당히 당기면서 모양을 잡아준다. 바이어스감이 늘어날 수도 있으므로 형태를 가다듬은 뒤에 손잡이 두 개의 길이를 같게 재서 몸판에 달 위치를 다시 표시하면 좋다.

상침으로 고정한 손잡이

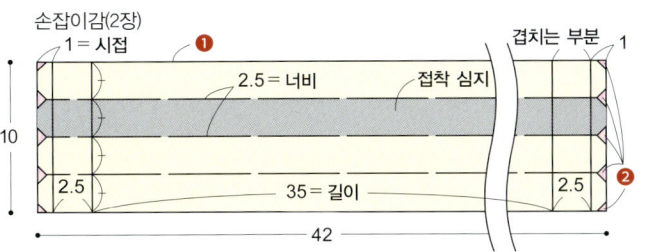

특징
손잡이를 몸판의 겉에 겹쳐 상침하여 붙인 형태입니다. 상침하면 장식 효과와 더불어 안정감을 준다는 장점이 있습니다. 양끝의 시접을 접어 넣은 후 너비를 4겹 접기하고, 네 변의 테두리를 둘러 박은 다음, 몸판에 겹쳐 박아(상침) 붙입니다.

제도하기
1. 「길이+몸판에 겹치는 부분+양끝의 시접」×「너비의 4배」의 직사각형을 그린다.
2. 모서리와 접음선의 시접을 삼각으로 자른다.
3. 몸판에 겹치는 부분에 상침선을 그린다.

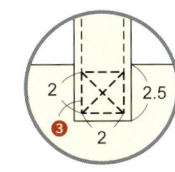

양면 징으로 고정한 손잡이

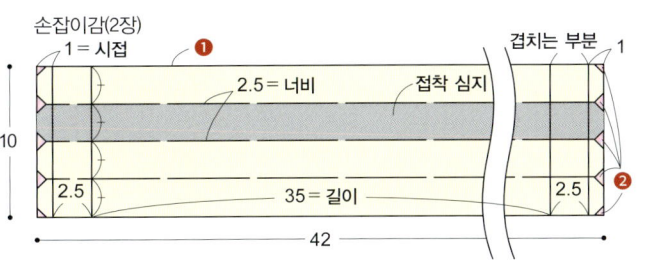

특징
천에 구멍을 뚫고 징(리벳)을 끼워 넣어 손잡이를 고정한 형태입니다. 원단에 양면 징을 달 구멍을 뚫을 때는 펀치로 뚫지 말고 송곳으로 구멍을 만들고 넓혀 줍니다.

제도하기
1. 「길이+몸판에 겹치는 부분+양끝의 시접」×「너비의 4배」의 직사각형을 그린다.
2. 모서리와 접음선의 시접을 삼각으로 자른다.
3. 양면 징을 달 위치를 표시한다.

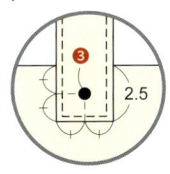

1줄 손잡이

가방 입구의 앞뒤나 양옆에 한 줄로 다는 손잡이입니다. 어깨에 메는 숄더 스트랩 형태가 많으며 길이를 조절할 수도 있습니다.

1줄 기본 손잡이

특징
너비를 넓게 만들어 앞판과 뒤판에 한 줄로 다는 심플한 형태의 손잡이입니다. 바구니 모양이나 복주머니 모양의 가방에 매치하기 좋습니다.

기준 치수_손잡이 길이 35cm, 손잡이 너비 4cm

제도하기
① 「'길이+양끝 시접'×'너비의 4배'」의 직사각형을 그리되, 너비는 기본 치수보다 넓게 잡는다.
② 너비를 4등분한 접음선과 양끝의 시접선을 그린다.

숄더 스트랩

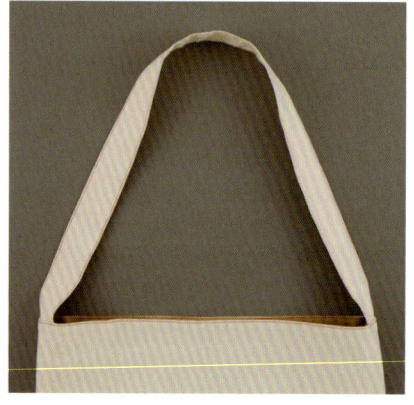

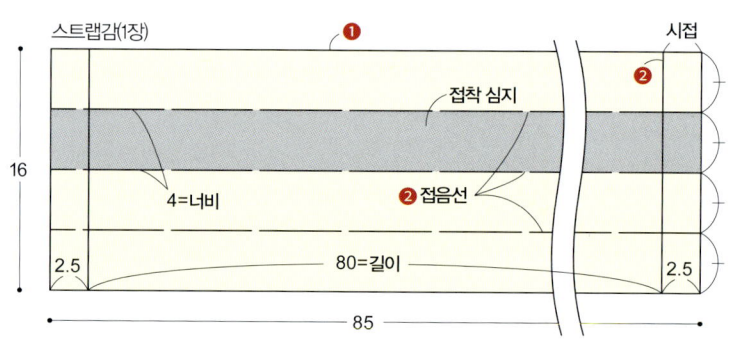

기준 치수_스트랩 길이 80cm, 스트랩 너비 4cm

특징
너비를 넓게 만들어 양옆에 달아준 형태로 한쪽 어깨에 멜 때를 기준으로 길이(80cm)를 정했습니다. 크로스로 메고 싶다면 치수를 조정해 주세요.

제도하기
① 「'길이(넉넉하게)+양끝 시접'×'너비(넉넉하게)의 4배'」의 직사각형을 그린다.
② 너비를 4등분한 접음선과 양끝의 시접선을 그린다.

리본 숄더 스트랩

특징
가방 입구의 양옆에 폭이 넓은 끈 두 개를 달고 중앙에서 묶는 형태입니다. 묶는 방법에 따라 한쪽 어깨에 메거나 크로스로 멜 수 있고, 더 짧게 만들 수도 있는, 자유롭게 조절 가능한 스트랩입니다. 얇고 부드러운 원단으로 만들어 주세요.

기준 치수_ 스트랩 길이 110cm, 꼬리 길이 6.5cm, 너비 5cm

제도하기
❶ 「'스트랩 길이의 1/2+매듭짓는 부분 길이+꼬리 길이'×'너비'」의 직사각형을 그린다.
❷ 꼬리 부분은 적당한 각도로 곡선을 그린다.
❸ 둘레에 1cm의 시접을 그린다.

> **꼬리 곡선 패턴 준비하기**
> 두꺼운 종이로 꼬리 패턴을 만들어 두자. 다리미로 시접을 정리할 때 원단 위에 놓고 시접을 접을 수 있어 편리하다.

왈자조리개와 사각링을 단 숄더 스트랩

특징
숄더 스트랩에 길이 조절 기능을 더해 편리하면서 인기 있는 스타일의 가방입니다. 빳빳한 원단은 조리개를 움직일 때 그 움직임이 둔해지므로 사용을 피해 주세요.

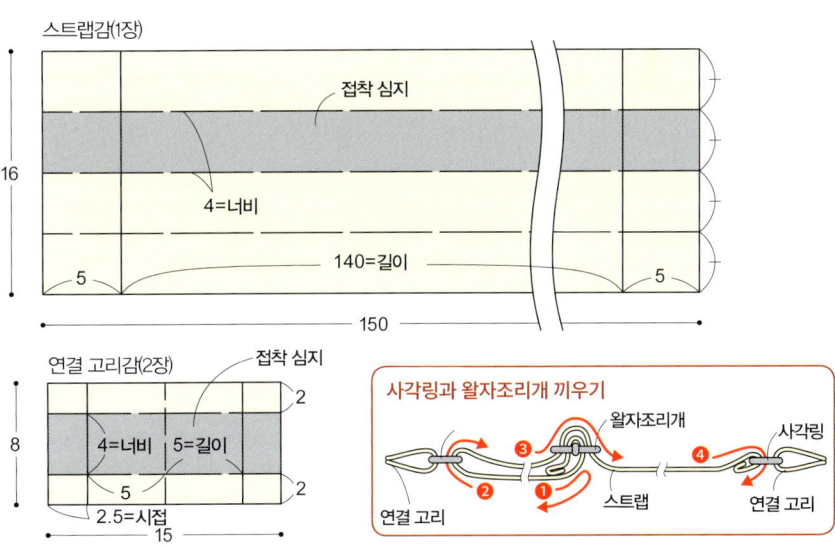

기준 치수_ 스트랩 길이 140cm, 연결 고리 길이 5cm, 너비 4cm

제도하기
스트랩 .... 4겹 접기를 하기 때문에 「'스트랩 길이+조리개를 통과하는 만큼의 시접'×'너비의 4배'」의 직사각형을 그린다.

연결 고리 ..... 2겹 접기를 하기 때문에 「'{연결 고리 길이+시접}의 2배'×'너비의 2배'」의 직사각형을 그린다.

왈자조리개와 개고리, D링을 단 숄더 스트랩

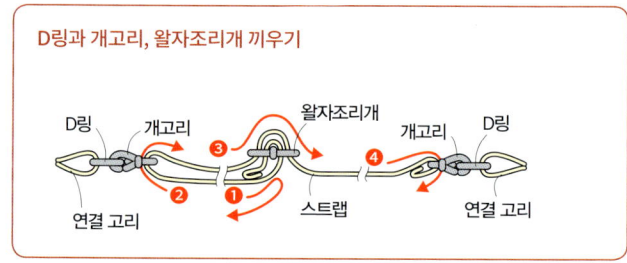

특징
스트랩에 왈자조리개를 달아 길이를 조절할 수 있게 하고, 개고리와 D링을 달아 스트랩을 분리할 수 있도록 하였습니다. **왈자조리개와 사각링을 단 숄더 스트랩**(55쪽)에서 사각링 대신 개고리와 D링을 단 형태라고 할 수 있습니다.

제도하기
왈자조리개와 사각링을 단 숄더 스트랩(55쪽)을 참고하여 스트랩과 연결 고리를 제도한다.

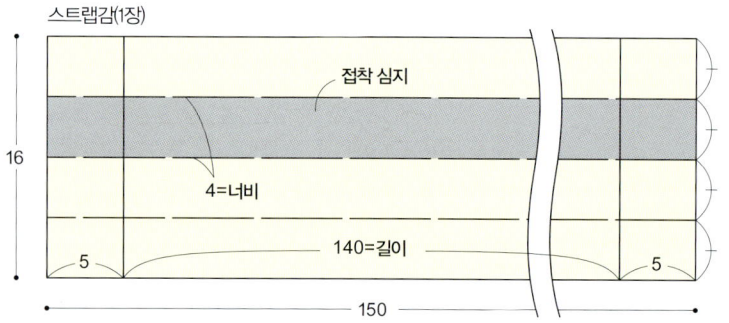

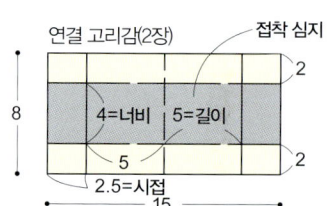

기준 치수_ 스트랩 길이 140cm, 연결 고리 길이 5cm, 너비 4cm

버클과 아일렛을 단 숄더 스트랩

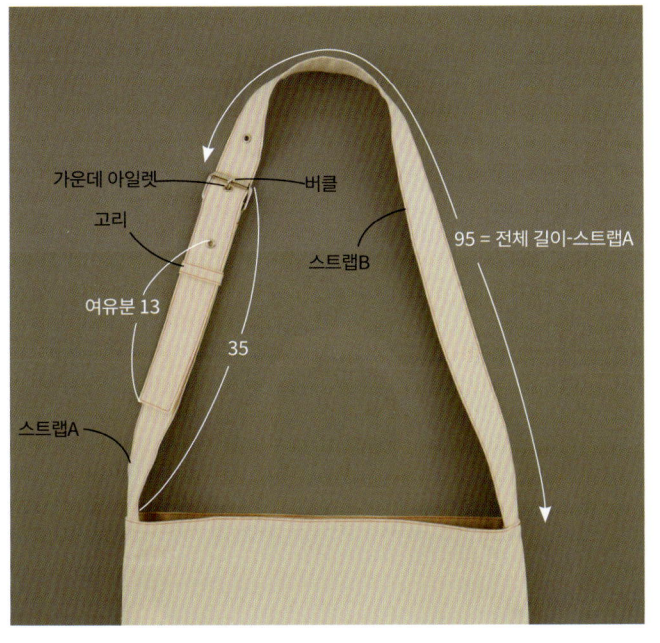

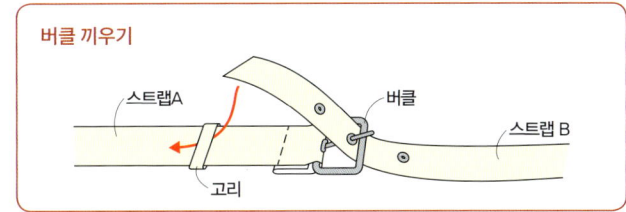
버클 끼우기

특징
스트랩에 벨트처럼 버클을 달아 길이 조절 기능을 갖게 한 가방. 짧은 스트랩(스트랩A)과 긴 스트랩(스트랩B) 2개를 만들어 짧은 스트랩에는 버클을 달고 긴 스트랩에는 아일렛으로 구멍을 만들어 여러 단계로 조절 가능하도록 만들었습니다.

제도하기
스트랩A … 「스트랩 A 길이+버클을 끼워 꺾이는 부분 길이+시접」×「스트랩 너비의 4배」의 직사각형을 그린다.

스트랩B … 「전체 길이-스트랩 A의 길이」×「스트랩 너비의 4배」의 직사각형을 그린 다음, 마지막 아일렛, 여유분, 양쪽 시접을 추가한다.

고리 …… 「스트랩 너비의 2배+1cm+양끝의 시접」×「고리 너비의 4배」의 직사각형을 그린다.

※ 고리를 달 때는 시접을 좌우로 가른 다음 스트랩A에 통과시킨다. 원단의 두께에 따라 적절한 크기로 조절한다.

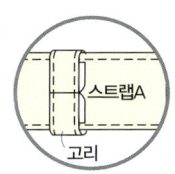

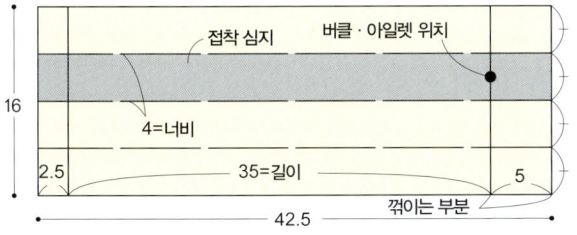

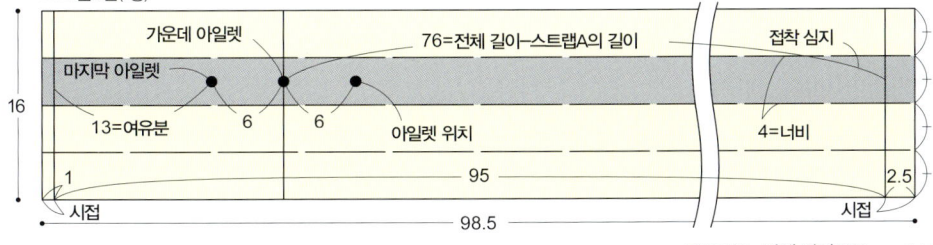

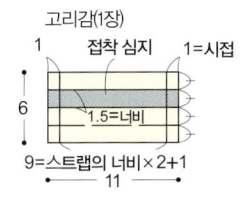

기준 치수_전체 길이 130cm, 스트랩A 길이 35cm, 스트랩 너비 4cm, 고리 너비 1.5cm

step 2 | 부분별로 응용하기

입구의 응용

이 부분

가방 입구는 아무것도 달지 않고 열려있는 채로 사용하는 것이 가장 편리하지만,
안에 들어있는 물건이 보이지 않게 하고 싶거나, 물건을 잃어버리지 않기 위해
입구가 닫힌 가방이 필요하기도 합니다.
입구 전체를 단단히 잠그고 싶은지, 가볍게 덮어두고 싶은지에 따라
다양한 디자인이 존재하고, 편리한 각종 부자재도 사용할 수 있습니다.
몸체의 형태가 단순하더라도 입구 형태에 따라서
가방 전체의 인상이 확 달라지는 경우도 있습니다.
완성하기 직전에 추가할 수 있는 형태도 있으므로
뭔가 조금 아쉽다고 느낀다면
입구를 잠그는 기능을 더해 보는 것도 좋은 방법입니다.

덮개를 단 입구

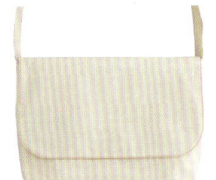
큰 덮개를 단 입구
60쪽

작은 덮개를 단 입구
61쪽

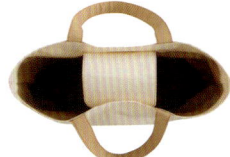
내부 덮개를 단 입구
61쪽

지퍼를 단 입구

입구 너비보다 짧은 지퍼를 단 입구
62쪽

입구 너비와 같은 길이의 지퍼를 단 입구
63쪽

잠금장치를 단 입구

자석 단추로 잠그는 입구
64쪽

끈으로 잠그는 입구
64쪽

링 스냅 단추로 잠그는 입구
65쪽

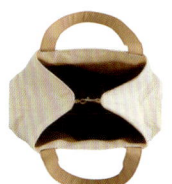
개고리+D링으로 잠그는 입구
65쪽

끈을 당겨 덮개를 조이는 입구
66쪽

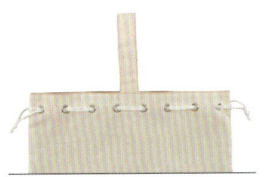
아일렛+끈으로 잠그는 입구
67쪽

단추+고리로 잠그는 입구
68쪽

덮개를 단 입구

크거나 작은 덮개로 입구를 덮은 디자인입니다.

큰 덮개를 단 입구

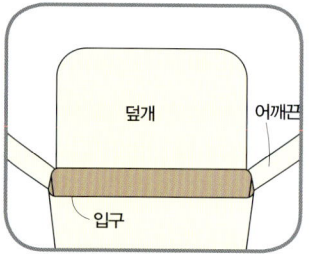

박음질 포인트
덮개의 겉감과 안감을 박아줄 때는 겉과 겉이 마주하게 놓고 중심을 맞춘 다음, 겉감을 약간 길게 끌어당기듯이 해 시침핀으로 고정한 후 박아준다. 작은 덮개의 경우(61쪽)도 동일하다.

특징
가방 입구 전체를 씌우는 커다란 덮개는 어깨에 크로스로 메는 메신저백을 만들 때 사용합니다. 덮개의 너비는 가방 입구의 너비에서 어깨끈의 두께를 뺀 값으로 정해집니다.

제도하기
❶ 「'입구 너비-어깨끈 두께'×'덮개 높이'」의 직사각형을 그린다.

※ 이 제도에서 덮개의 높이는 입구의 폭을 고려하여 다소 높게 설정했다.

❷ 모서리 끝에서 가로, 세로 방향으로 7cm 지점에 너치(맞춤점)를 표시하고, 부록의 7cm 곡선 자를 이용해 지름 7cm의 곡선을 그린다.

❸ 둘레에 1cm의 시접을 그린다.

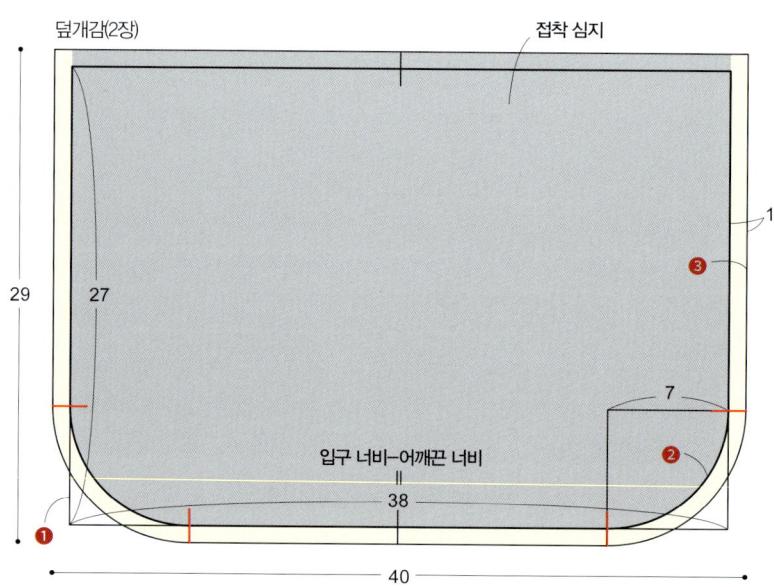

기준 치수_ 덮개 너비 38cm, 덮개 높이 27cm

작은 덮개를 단 입구

특징
입구 전체를 덮는 것이 아니라 중앙 부분에만 회전 잠금장치가 달린 작은 덮개를 다는 형태입니다. 몸체와 다른 원단을 사용하면 포인트가 됩니다.

기준 치수_ 손잡이 간격 12cm, 입구의 폭 4.5cm

제도하기
❶ 입구부터 잠금장치까지의 거리를 정한다.

❷ 「'손잡이 사이 간격'בʻ입구의 폭+❶의 길이+2.5cm'」의 직사각형을 그린다.

❸ 모서리 끝에서 가로, 세로 방향으로 3cm 지점에 너치(맞춤점)를 표시하고, 부록의 3cm 곡선 자를 이용해 지름 3cm의 곡선을 그린다.

❹ 둘레에 1cm의 시접을 그린다.

내부 덮개를 단 입구

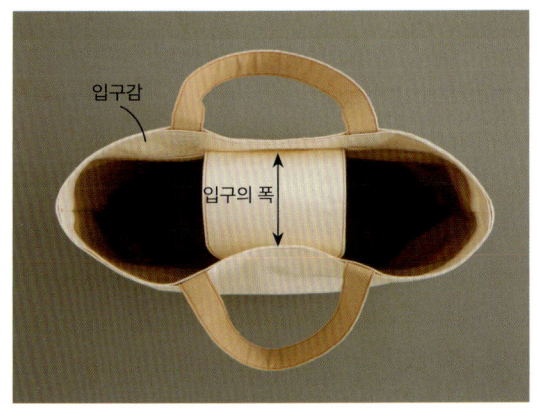
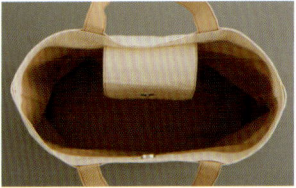
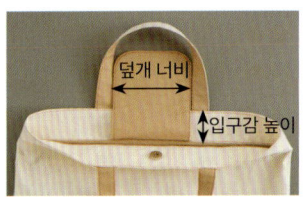

특징
작은 덮개를 단 입구(상단)와 같은 크기지만, 가방 안쪽에서 자석 단추로 잠그는 것이 차이점입니다. 바깥에서 덮개가 보이지 않기 때문에 가방 속 물건은 가리되 가방 원단의 무늬는 그대로 살리고 싶을 때 추천합니다.

기준 치수_ 덮개 너비 12cm, 입구감 높이 5cm, 입구의 폭 5cm

제도하기
❶ 입구부터 자석 단추까지의 거리를 정한다.

❷ 「'덮개 너비'בʻ입구감 높이+입구의 폭+❶의 길이+2.5cm'」의 직사각형을 그리고, 겉감에는 자석 단추를 달 위치를 표시한다.

❸ 모서리 끝에서 가로, 세로 방향으로 3cm 지점에 너치(맞춤점)를 표시하고, 부록의 3cm 곡선 자를 이용해 지름 3cm의 곡선을 그린다.

❹ 둘레에 1cm의 시접을 그린다.

지퍼를 단 입구

입구에 지퍼를 달아 내용물을 안전하게 보호할 수 있는 디자인입니다.

입구 너비보다 짧은 지퍼를 단 입구

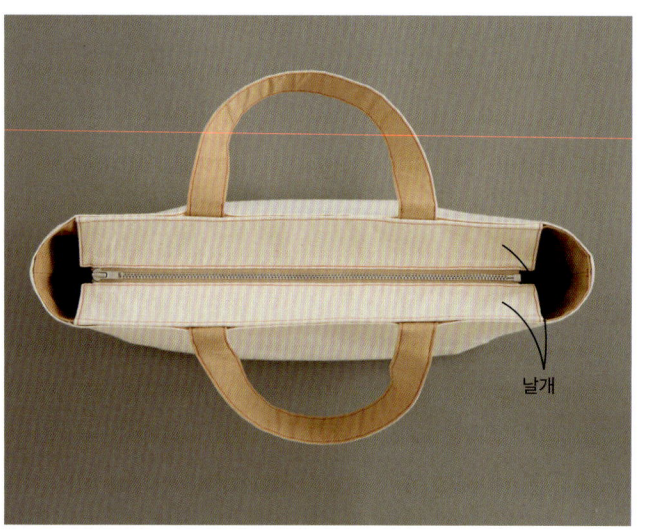

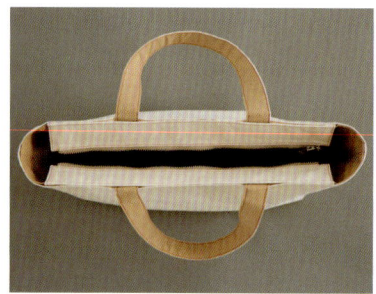

특징

가방 입구의 너비보다 약간 짧은 길이의 지퍼 양쪽에 날개를 달고, 지퍼 날개가 입구의 덮개 역할을 하도록 한 디자인입니다. 입구 너비(42cm)에 비해 짧은 오픈 지퍼(30cm)를 사용하여 입구의 양옆이 트여 있습니다. 지퍼를 열어두었을 때 가방 속 물건은 잘 보이지 않으면서도 손쉽게 꺼낼 수 있다는 점이 장점입니다. 지퍼 폭과 지퍼 날개 너비를 더하면 바닥 폭과 같은 크기가 됩니다.

※ 오픈 지퍼: 지퍼의 이가 밖으로 드러나는 지퍼

제도하기

❶ 「'지퍼의 길이+양끝에 1cm씩'×'{바닥 폭-지퍼 폭(1cm)}의 1/2'」의 직사각형을 그린다.

❷ 지퍼에 닿는 부분은 0.8cm, 가방 입구에 닿는 부분은 1.2cm, 좌우 양쪽에는 1cm의 시접을 그린다.

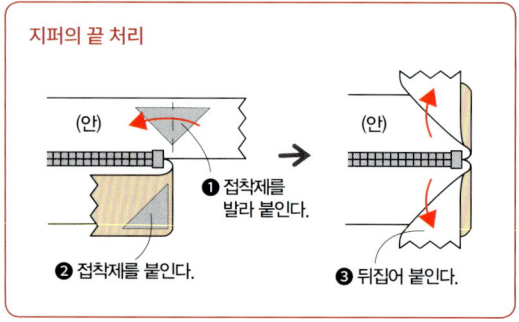

지퍼의 끝 처리
❶ 접착제를 발라 붙인다.
❷ 접착제를 붙인다.
❸ 뒤집어 붙인다.

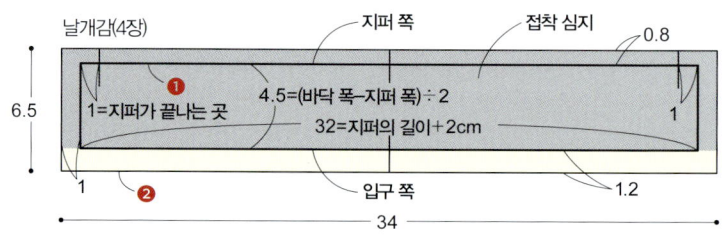

기준 치수_ 지퍼 길이 30cm, 바닥 폭 10cm

입구 너비와 같은 길이의 지퍼를 단 입구

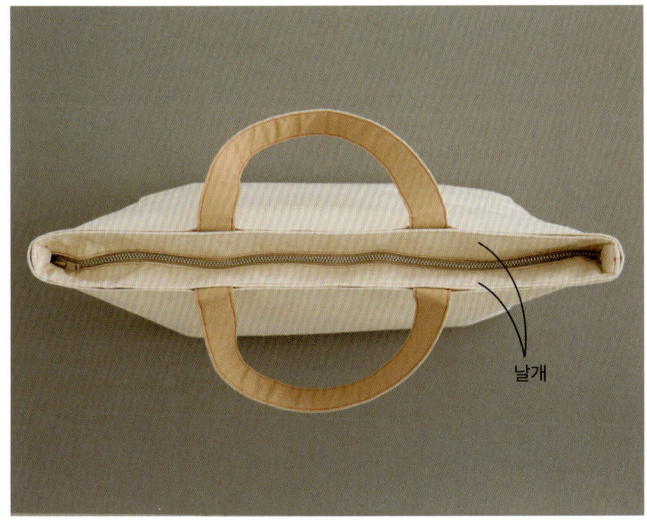

날개

특징
가방 입구와 같거나 비슷한 길이의 지퍼 양옆에 날개를 달고 입구의 중앙에 붙인 디자인. 양쪽 끝까지 지퍼가 닿기 때문에 완벽하게 잠글 수 있습니다. **상단에 다른 원단을 배치한 형태**(30쪽)의 입구감에 지퍼를 단 것 같은 형태라고 볼 수 있습니다. 여기서는 40cm 길이의 오픈 지퍼를 사용했습니다.

원단 고르기
지퍼 날개는 마지막으로 입구에 박을 때 겉감과 안감 사이에 끼워 봉합해야 하므로, 얇은 원단을 쓰는 것이 봉합하기 쉽다.

제도하기
❶ '입구 너비×날개 너비'의 직사각형을 그린다. 그리고 입구 너비의 양 끝에서 1cm 안쪽에 지퍼가 끝나는 곳을 표시한다.

※ 날개의 너비는 대략 5~7cm 정도를 추천한다.

❷ 지퍼에 닿는 부분은 0.8cm, 입구에 닿는 부분은 1.2cm, 좌우 양쪽 끝에는 1cm의 시접을 그린다.

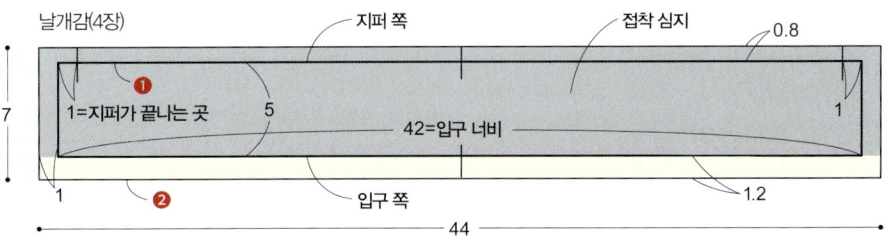

기준 치수_ 입구 너비 42cm, 날개 너비 5cm, 지퍼 길이 40cm

잠금장치를 단 입구

금속 부자재나 끈 등을 사용하여 입구를 고정시키거나 조이는 형태입니다.

자석 단추로 잠그는 입구

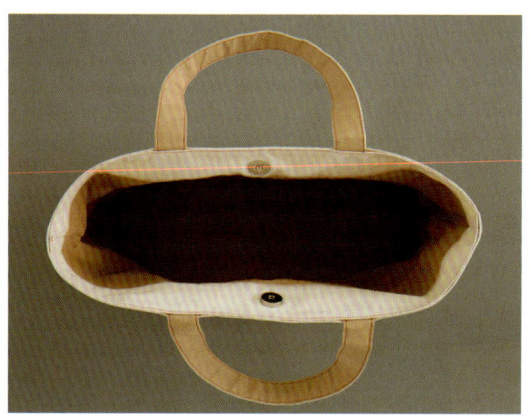

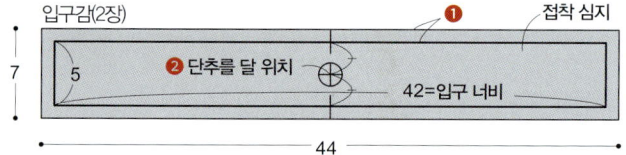

특징
입구감의 중앙에 자석 단추의 볼록한 부분(凸)과 오목한 부분(凹)을 각각 달아줍니다. 입구감이 아닌 안감에 직접 달아도 되지만, 원단이 얇을 경우 단추 위치의 안쪽에 힘받이천을 대거나 접착 심지를 겹쳐서 붙이는 등 보강하는 것이 좋습니다.

제도하기
❶ 상단에 다른 원단을 배치한 형태(30쪽)를 참고하여 입구감을 제도한다.
❷ 중앙에 자석 단추를 달 위치를 표시한다.

자석 단추 달기
❷에서 표시한 십자 부분의 원단을 가위로 뚫어준다. 원단의 뒷면에 와셔를 대고 구멍을 뚫은 곳에 자석 단추 발을 끼워 넣은 다음 뒷면에서 발을 벌려 바깥으로 꺾어준다. 실로 꿰매는 형태나 양면 징 형태도 있다.

끈으로 잠그는 입구

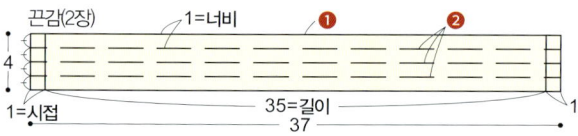

기준 치수_ 끈 길이 35cm, 끈 너비 1cm

특징
금속 부자재를 쓰고 싶지 않을 때 손쉽게 만들 수 있는 잠금장치. 끈의 너비와 길이는 가방 전체의 균형에 맞추어 적당히 정하면 됩니다.

제도하기
❶ 「끈 길이+양끝 시접 1cm'×'끈 너비의 4배」의 직사각형을 그린다.
❷ 너비를 4등분한 접음선과 양끝의 시접선을 그린다.

두꺼운/얇은 원단으로 끈 만들기
두꺼운 원단의 경우 천의 가장자리를 끈 너비의 3배로 잘라서 3겹 접기를 하면 깔끔하게 마무리 된다. 그리고 얇은 원단의 경우 겉끼리 마주보게 박은 다음 뒤집개로 뒤집어 만든다. 시중에서 판매하는 리본이나 테이프를 달아도 좋다.

링 스냅 단추로 잠그는 입구

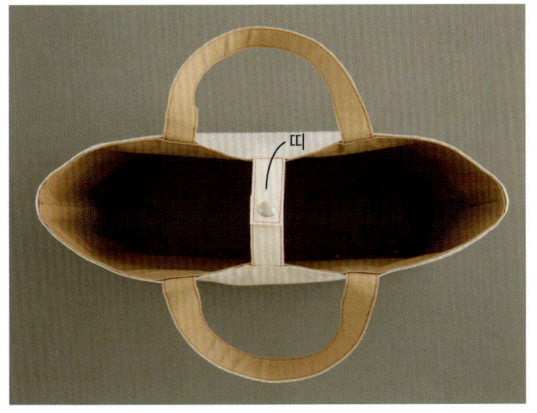

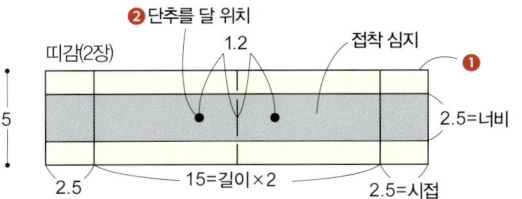

기준 치수_ 띠 길이 7.5cm, 띠 너비 2.5cm

특징
몸판의 앞판과 뒤판의 입구에 짧은 띠를 달고 중앙으로 여며서 링 스냅 단추로 잠그는 형태입니다. 띠는 4겹 접기 한 후 ㄷ자 모양으로 상침하고, 끝부분에 링 스냅 단추를 달아줍니다. 띠감으로는 캔버스 천이나 데님처럼 두꺼운 원단이 좋습니다.

제도하기
❶ 「{띠 길이+시접}의 2배'×'띠 너비의 2배'」의 직사각형을 그린다.
❷ 링 스냅 단추를 달 위치를 표시한다.

> **접착 심지 붙이기**
> 접착 심지는 완성 길이 전체에 붙이는 것이 좋지만 원단이 너무 두꺼운 경우 한쪽 면(길이의 1/2)만 붙여도 괜찮다. 혹은 단추를 다는 위치에만 붙여도 된다.

개고리+D링으로 잠그는 입구

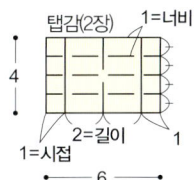

기준 치수_ 탭 길이 2cm, 탭 너비 1cm

특징
입구 안쪽 양옆에 작은 개고리와 D링을 단 탭을 끼워 둔 형태. 물건이 적게 들어있을 때 채우면 입구가 오므라진 사다리꼴 가방(89쪽)으로 바뀝니다. 물건이 많이 들어 있을 경우 잠금장치를 풀어두면 넉넉하게 사용할 수 있습니다.

제도하기
「{탭 길이+시접}의 2배'×'탭 너비의 4배'」인 직사각형을 그리고, 4겹 접기 접음선과 양끝의 시접을 그린다.

끈을 당겨 덮개를 조이는 입구

특징
입구 덮개를 끈을 당겨 조이는 주머니처럼 만들어 입구를 잠그는 형태입니다. 끈을 꽉 잡아당기면 가방 속에 있는 물건을 확실히 감출 수 있습니다. 얇은 원단을 써서 한 겹으로 만들어 주세요.

제도하기
❶ '입구 너비×덮개 높이'의 직사각형을 그린다.

※ 덮개 높이는 대략 바닥 폭의 1/2 정도가 좋다.

❷ 양쪽 끝 완성선 아래 3cm 지점(끈을 끼웠을 때 트임의 끝이 되는 부분)을 표시한다.

❸ 가방 입구 쪽에 1cm, 끈을 끼우는 쪽은 4cm, 양옆은 1.5cm의 시접을 그린다.

※ 양옆 시접은 가름솔 후 박는다.

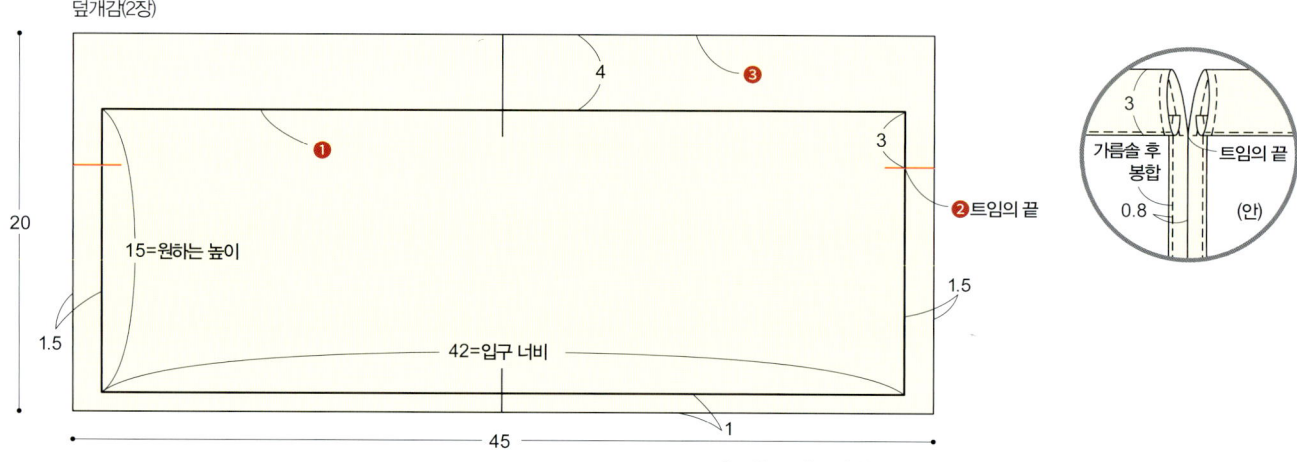

기준 치수_ 입구 너비 42cm, 덮개 높이 15cm

아일렛+끈으로 잠그는 입구

특징
가방 입구에 아일렛을 달고 끈을 끼워 조인 복주머니형 디자인으로, 끈을 느슨하게 풀면 일반적인 토트백이 됩니다. 겉감과 안감을 맞춰 박기 때문에 가방을 완성한 뒤에도 아일렛을 추가할 수 있습니다.

> **끈의 길이**
> 사진과 같이 양쪽에서 끈을 끼워 넣고 입구를 좁히는 가방으로 만들 경우 끈의 길이는 '입구 너비의 2배+매듭 분'이 되며 총 2개를 만든다.

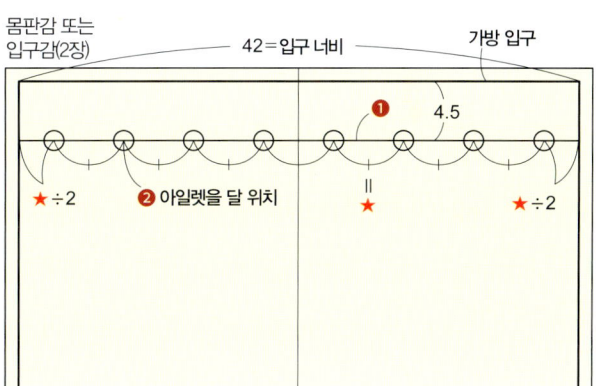

제도하기
❶ 입구에서 4.5cm 아래에 선을 긋는다.
❷ 입구 너비를 8등분한 간격으로 아일렛을 달 위치를 표시한다.

단추+고리로 잠그는 입구

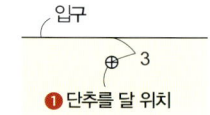

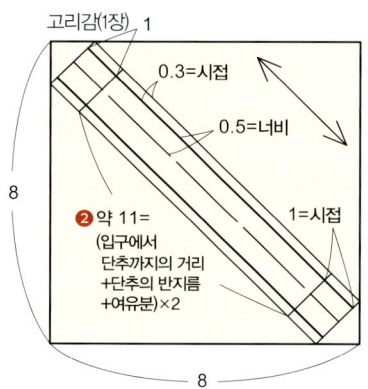

기준 치수_ 고리 너비 0.5cm

특징
몸판의 한쪽 입구에 가는 고리를 달고, 반대쪽 입구에 달린 단추에 고리를 걸어 잠그는 구조입니다. 단춧구멍을 만드는 것이 아니기 때문에 쉽게 만들 수 있으며, 장식적인 효과도 있습니다. 고리는 정 바이어스 방향으로 재단하면 적당히 늘어나서 쉽게 끼웠다 뺐다 할 수 있습니다.

제도하기
❶ 몸판(앞판)에 단추를 달 위치를 정한다.

❷ 고리감에 정 바이어스 방향으로 「{입구에서 단추까지의 거리+단추의 반지름+여유분+시접}의 2배×'고리 너비의 2배+양쪽 시접'」의 직사각형을 그린다.

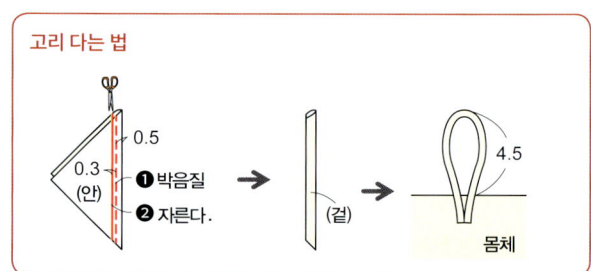

고리 다는 법

부자재에 대하여

이 책에서 가방 손잡이와 입구 등을 만들 때 사용하는 금속 부자재를 소개합니다.

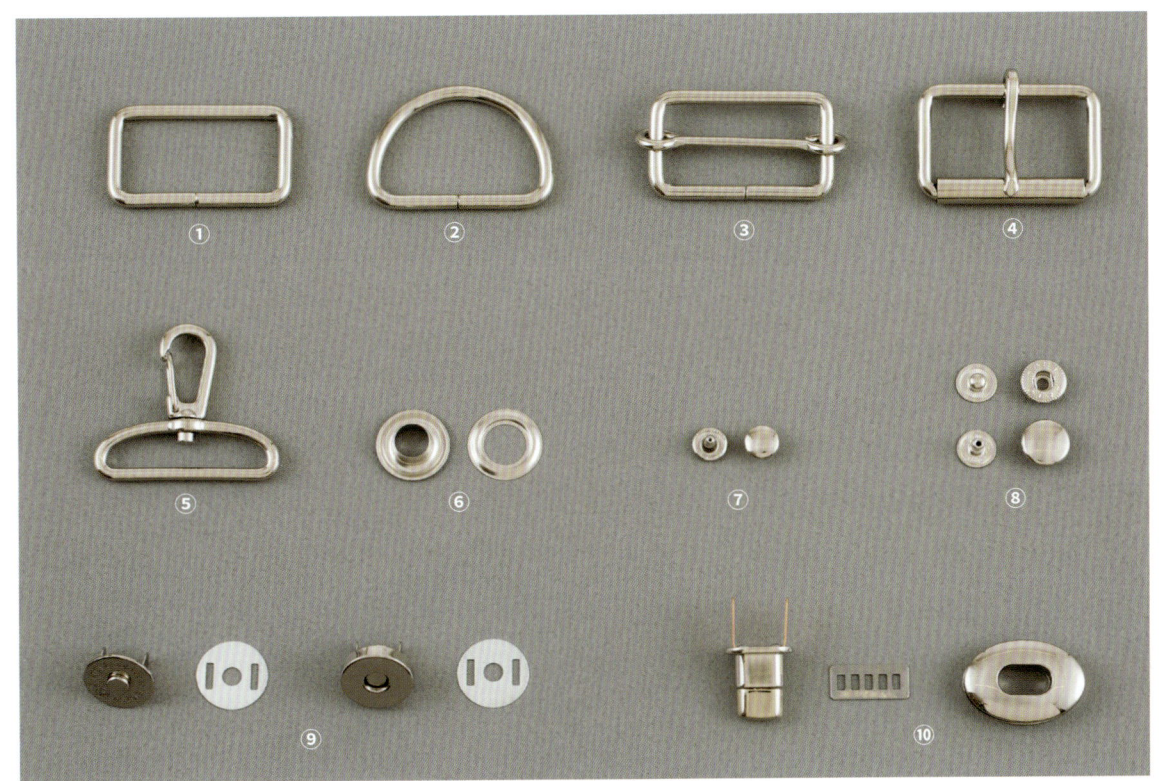

① **사각링(52, 55쪽)**
직사각형 모양의 링. 손잡이를 가방 입구에 직접 달지 않고 사각링으로 연결한다.

② **D링(56, 65쪽)**
D자 모양의 링. 일반적으로 직선 쪽은 손잡이를 통과시키고 곡선 쪽은 개고리를 연결한다.

③ **왈자조리개(55, 56쪽)**
어깨끈의 길이를 조절하는 금속 부자재로, 옆으로 메는 숄더백이나 배낭을 만들 때 사용한다.

④ **버클(57쪽)**
어깨끈의 길이를 조절하는 금속 부자재로, 손잡이의 구멍에 꽂는 핀이 달려있다. 아일렛과 세트로 사용된다.

⑤ **개고리(56, 65쪽)**
달았다 뗐다를 쉽게 할 수 있는 부자재이다.

⑥ **아일렛(57, 67쪽)**
구멍 낸 주변을 보강하는 부자재. 아일렛 크기에 맞는 전용 펀치가 있어야 달 수 있다.

⑦ **양면 징(53쪽)**
띠나 탭 등 얇은 소재를 고정하는 금속 부자재이다. 장식용도 있으며, 전용 도구가 있어야 달 수 있다.

⑧ **링 스냅 단추(65쪽)**
안에 스프링이 두 개 들어있어서 열고 닫기 쉬운 잠금 도구. 4종류의 부품이 한 세트이며 전용 도구가 있어야 달 수 있다.

⑨ **자석 단추(61, 64쪽)**
자석으로 열고 닫는 잠금장치. 칼집을 내어서 다리를 꺾어 고정하는 형태가 많이 쓰이지만 꿰매어 붙이는 형태도 있다.

⑩ **회전 잠금장치(61쪽)**
튀어나온 부품을 구멍이 뚫려있는 부품에 넣어서 돌리는 잠금 도구. 튀어나온 부품은 자석 단추와 같은 방식으로 달면 되고, 구멍이 뚫린 부품은 옷감을 도려내고 나사로 고정한다.

step 2 | 부분별로 응용하기

주머니의 응용

이 부분

주머니의 역할은 자잘한 물건들을 잃어버리지 않도록 정리·보관해두는 것입니다.
가방에 붙어 있는 파우치라고 말할 수도 있겠지요.
안에 넣을 물건이 구체적으로 정해져 있다면 그 사이즈를 재고
가방의 어떤 위치에 달면 사용하기 좋을지 생각해 봅시다.
넣을 물건이 특별히 정해져 있지 않다면 남은 원단을 사용하여 적당한 크기로 만들어 주세요.
주머니를 만드는 과정이 조금 번거롭다고 느끼겠지만, 일단 만들어두면 유용하게 쓰인답니다.
더 나아가 옆판이 넉넉하거나 칸막이가 나눠진 것 등
다양한 주머니 만드는 법을 마스터한다면 가방의 실용성이 한층 업그레이드될 것입니다.
크기가 큰 가방이라면 서로 다른 스타일의 주머니 몇 가지를 조합하여 다는 것도 추천합니다.

한 겹(홑겹) 주머니

한 겹 기본 주머니
72쪽

모서리가 둥근 주머니
73쪽

안단에 매달린 주머니
73쪽

두 겹 주머니

두 겹 기본 주머니
74쪽

칸막이가 있는 주머니
75쪽

이중 주머니
75쪽

단추로 잠그는 주머니
76쪽

덮개로 덮고
단추로 잠그는 주머니
77

옆판이 있는 입체적인 주머니

옆판이 있는 기본 주머니
78쪽

옆판과 칸막이가 있는 주머니
79쪽

가방 외부에 단 주머니

외부 기본 주머니
80쪽

칸막이가 있는 외부 주머니
81쪽

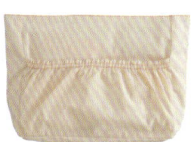
개더 주름을 넣은 주머니
82쪽

손잡이 사이에 단 주머니
83쪽

지퍼를 단 주머니

지퍼를 단 기본 주머니
84쪽

안단 아래에 지퍼를 단 주머니
85쪽

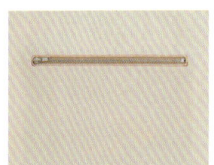
지퍼만 보이는 내부 주머니
86쪽

한 겹(홑겹) 주머니

두꺼운 원단으로 만들기에 적합한 주머니입니다.

한 겹 기본 주머니

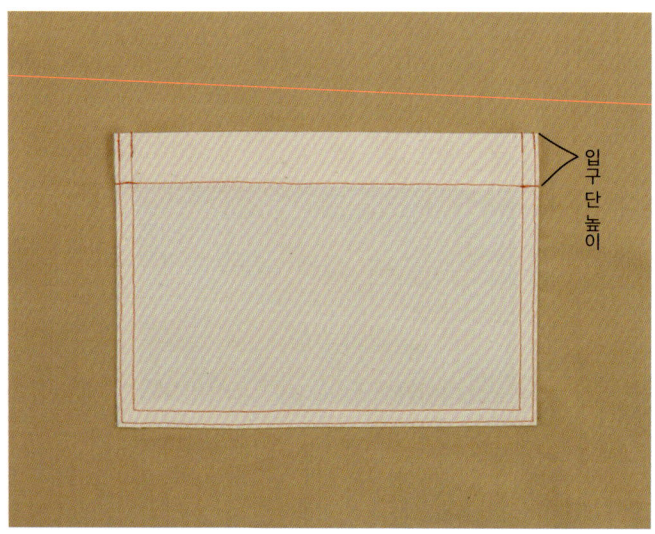

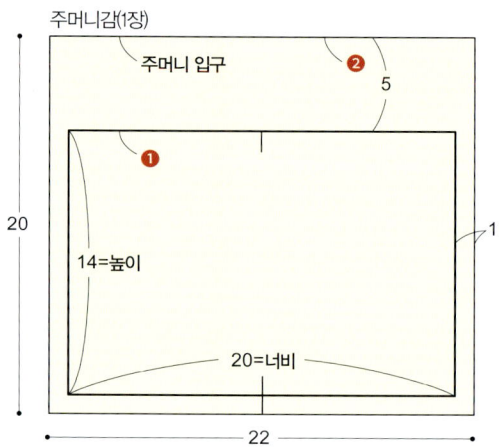

기준 치수_주머니 너비 20cm, 주머니 높이 14cm, 주머니 입구 단 높이 2.5cm

특징
원단 한 겹으로 주머니를 만들고, 가방에 겹쳐 박아 덧붙이는 형태입니다. 재단선이 풀리지 않도록 사진처럼 두 번 박아주세요. 혹은 잘라낸 가장자리를 오버록 처리하면 한 번만 박아도 괜찮습니다.

제도하기
❶ '주머니 너비×주머니 높이'의 직사각형을 그린다.

❷ 주머니 입구 부분은 '단 높이×2' 만큼 선을 내어 그리고, 그 외의 세 변에는 1cm의 시접을 그린다.

주머니 입구의 시접 처리

주머니 입구 부분은 상단 2.5cm를 내려 접고 옆쪽 시접을 접어 넣은 다음, 다시 입구 쪽 2.5cm를 내려 접기 때문에 총 3겹으로 접어 박게 된다. 그림과 같이 접어 박는 순서에 신경 쓰면 깔끔하게 마무리할 수 있다.

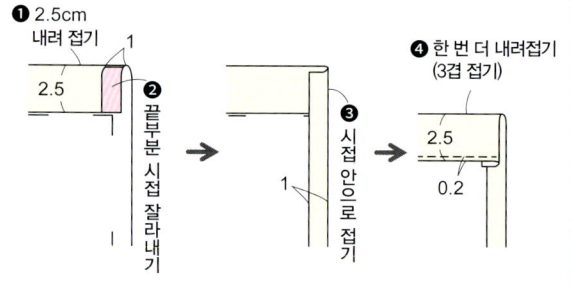

모서리가 둥근 주머니

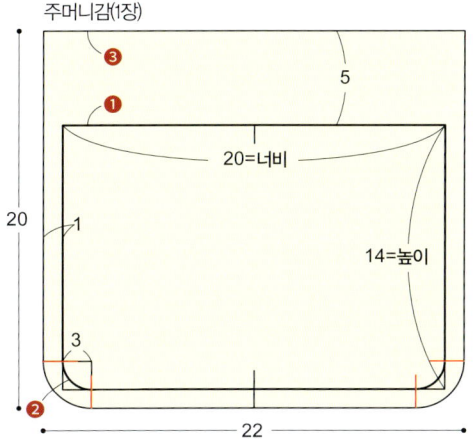

기준 치수_주머니 너비 20cm, 주머니 높이 14cm, 주머니 입구 단 높이 2.5cm

특징
한 겹 기본 주머니(72쪽)에서 아래쪽 모서리만 둥글게 만든 형태입니다.

> **곡선을 예쁘게 만드는 방법**
> 두꺼운 종이에 곡선 패턴을 그려두면 곡선 부분 시접을 정리할 때 편리하다. 패턴을 그린 원단 위에 곡선 패턴지를 올리고 시접을 홈질하여 실을 잡아당겨서 오므리거나, 곡선 패턴을 대고 다리미로 주름을 잡으며 형태를 정리한다.

제도하기
① '주머니 너비×주머니 높이'의 직사각형을 그린다.

② 아래 모서리 끝에서 가로, 세로 방향으로 3cm 지점에 너치(맞춤점)를 표시하고, 부록의 3cm 곡선 자를 이용해 지름 3cm의 곡선을 그린다.

③ 주머니 입구 부분은 '단 높이×2' 만큼 선을 내어 그리고, 그 외의 세 변에는 1cm의 시접을 그린다.

안단에 매달린 주머니

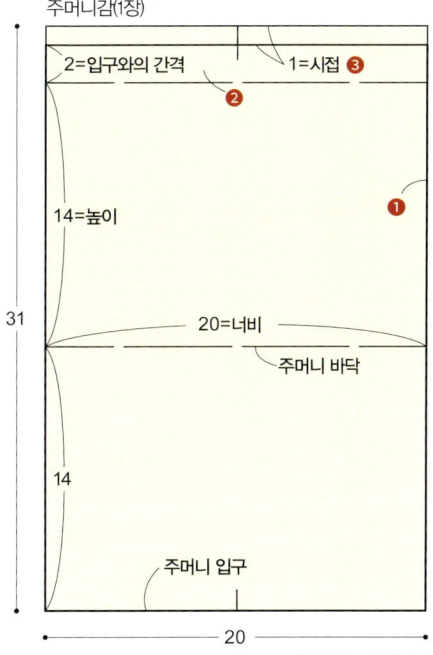

기준 치수_주머니 너비 20cm, 주머니 높이 14cm

특징
주머니 테두리를 테이프로 감싼 다음 가방 상단의 안단에 끼워 넣어 달았습니다. 윗부분만 고정되어 있고 양옆과 아래는 떠 있는 형태입니다.

제도하기
① '주머니 너비×주머니 높이의 2배'의 직사각형을 그린다.

② 가방 안쪽에 매달 곳은 주머니 입구와의 간격 2cm를 추가한다.

③ 주머니 매달 곳에 시접 1cm를 그리고, 나머지 세 변은 테이프로 처리할 것이므로 시접 없이 그대로 잘라낸다.

두 겹 주머니

얇은 원단도 두 겹으로 만들면 튼튼하게 만들 수 있습니다.

두 겹 기본 주머니

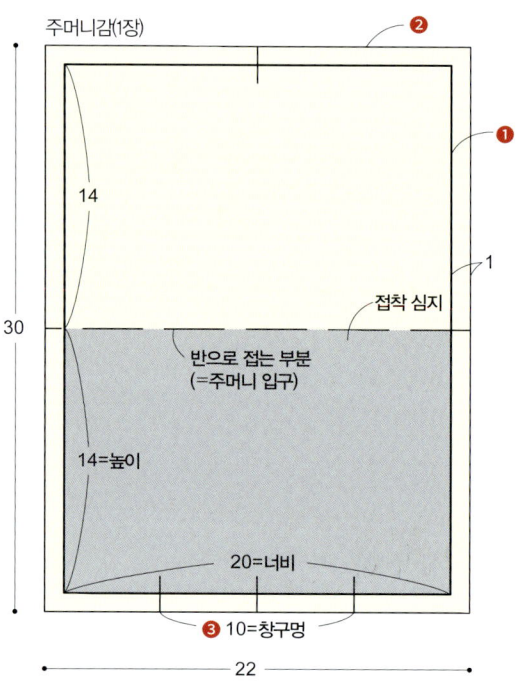

기준 치수_주머니 너비 20cm, 주머니 높이 14cm

특징
두 겹으로 주머니를 만들고 가방에 덧박는 형태입니다. 겉끼리 마주보게 반으로 접고, 접힌 부분과 창구멍을 제외한 둘레를 박은 다음, 창구멍을 통해 뒤집어 만드는 주머니로, 자세한 만들기 방법은 15쪽에서 소개했습니다. 취향에 따라 주머니 입구 부분을 상침하여 장식해도 좋습니다.

제도하기
❶ '주머니 너비'×'주머니 높이의 2배'의 직사각형을 그린다.
❷ 둘레에 1cm의 시접을 그린다.
❸ 주머니 바닥에 창구멍(너비의 1/2)을 표시한다. 반으로 접는 부분이 입구가 된다.

접착 심지 붙이기
접착 심지는 완성 크기보다 0.1~0.2cm 작게 잘라 붙이면 겉으로 뒤집었을 때 깔끔하게 마무리 된다.

칸막이가 있는 주머니

특징
두 겹 기본 주머니(74쪽)의 중앙을 박아 칸막이로 만든 형태로, 공간이 2개로 나뉘어 물건을 구분해 넣을 수 있습니다. 안에 넣을 물건에 따라 칸막이 개수를 늘리거나, 공간을 좁게 만들어서 펜 전용 주머니로 사용할 수 있습니다.

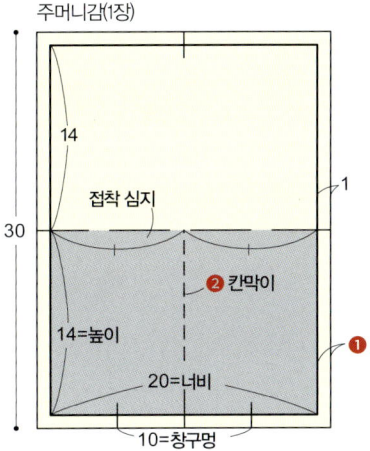

기준 치수_주머니 너비 20cm, 주머니 높이 14cm

제도하기
❶ **두 겹 기본 주머니**(74쪽)를 참고하여 제도한다.
❷ 원하는 위치에 칸막이 선을 긋는다.

이중 주머니

특징
두 겹 기본 주머니(74쪽) 위에 작은 주머니를 겹쳐 단 형태입니다. 이 작은 주머니는 일반적인 신용카드 사이즈인데, 카드 외에도 넣고 싶은 물건에 맞게 원하는 사이즈를 조합해서 만들어 봅시다.

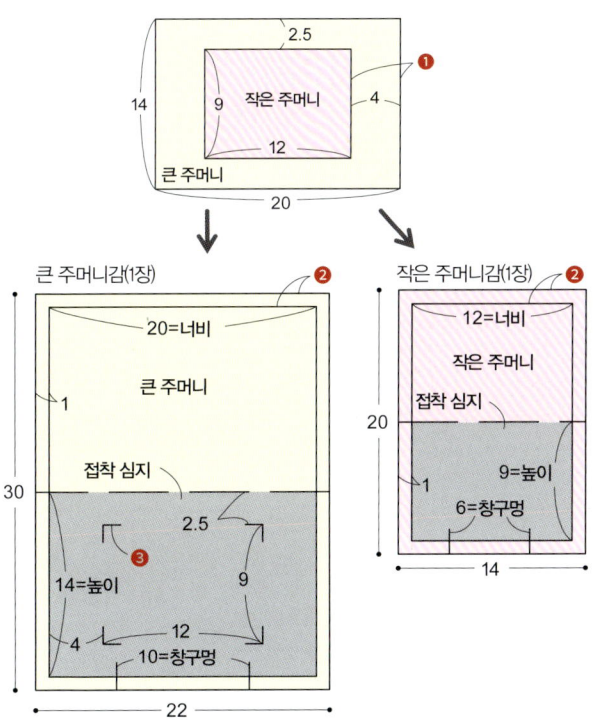

기준 치수_큰 주머니 — 너비 20/높이 14cm, 작은 주머니 — 너비 12/높이 9cm

제도하기
❶ 큰 주머니와 작은 주머니의 크기를 정한다.
❷ **두 겹 기본 주머니**(74쪽)를 참고하여 각각을 제도한다.
❸ 큰 주머니의 겉면에 작은 주머니를 달 위치를 표시한다.

단추로 잠그는 주머니

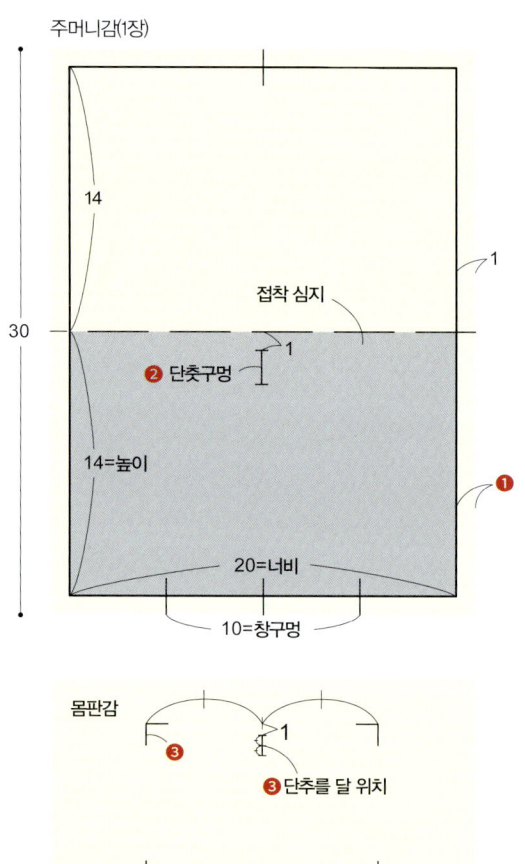

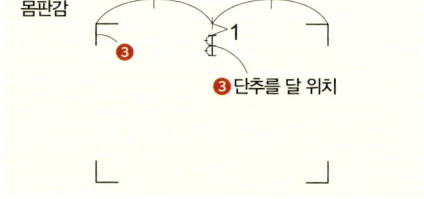

기준 치수_주머니 너비 20cm, 주머니 높이 14cm

특징
두 겹 기본 주머니(74쪽)의 주머니 입구를 단추로 고정하는 형태로, 주머니감에 단춧구멍을 뚫은 다음 몸판에 겹쳐 양옆과 아래를 박아줍니다. 단춧구멍을 세로 방향으로 내면, 주머니 안에 넣은 물건이 조금 뚱뚱하게 튀어나와도 괜찮습니다.

제도하기
❶ **두 겹 기본 주머니**(74쪽)를 참고하여 제도한다.
❷ 단춧구멍 위치를 표시한다.
❸ 몸판에 주머니를 붙일 위치와 단추를 달 위치를 표시한다.

> **단추 대용품**
> 단추의 대용품으로 링 스냅 단추를 달아도 된다.

덮개로 덮고 단추로 잠그는 주머니

특징
두 겹 기본 주머니(74쪽)에 덮개와 단추를 단 형태입니다. 단추가 포인트가 되는 귀여운 디자인으로 가방 겉감에 붙여도 좋습니다. 단추를 달지 않고 덮개만 달아도 괜찮습니다.

덮개 달기
겉감과 안감을 겉끼리 마주보게 박고 창구멍을 통해 뒤집은 다음, 주머니 입구에 덮개를 맞춰 놓고 2줄 상침한다.

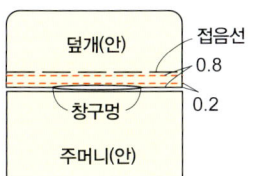

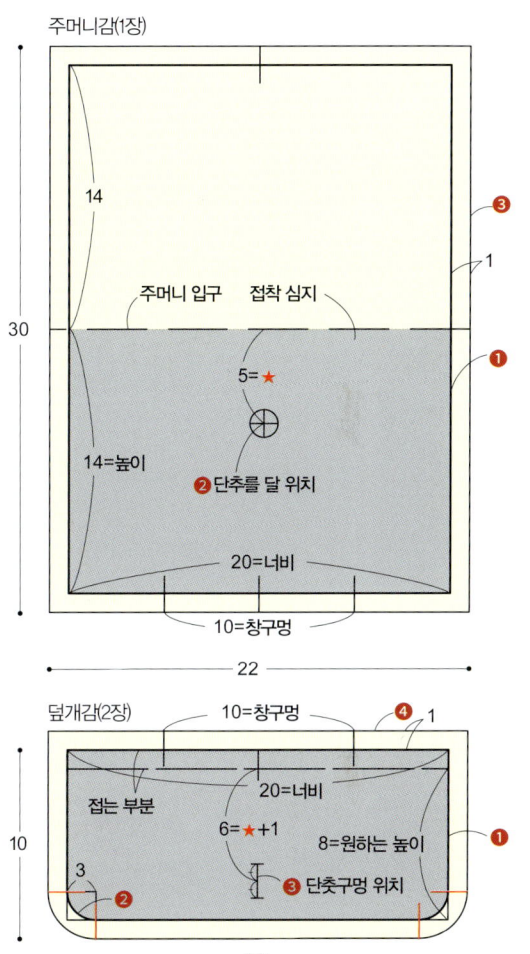

기준 치수_주머니 너비 20cm, 주머니 높이 14cm, 덮개 높이 8cm

제도하기
주머니 ..... ① 두 겹 기본 주머니(74쪽)를 참고하여 제도한다.
② 단추를 달 위치를 표시한다.
③ 둘레에 1cm의 시접을 그린다.

덮개 .... ① '주머니 너비×덮개 높이'의 직사각형을 그린다.
② 아래 모서리 끝에서 가로, 세로 방향으로 3cm 지점에 너치(맞춤점)를 표시하고, 부록의 3cm 곡선 자를 이용해 지름 3cm의 곡선을 그린다.
③ 단춧구멍 위치를 표시한다.
④ 둘레에 1cm의 시접을 그린다.

옆판이 있는 입체적인 주머니

부피가 있는 물건을 넣기에 적합한 주머니 디자인입니다.

옆판이 있는 기본 주머니

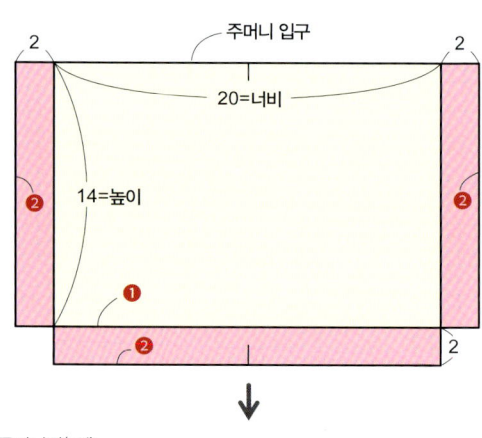

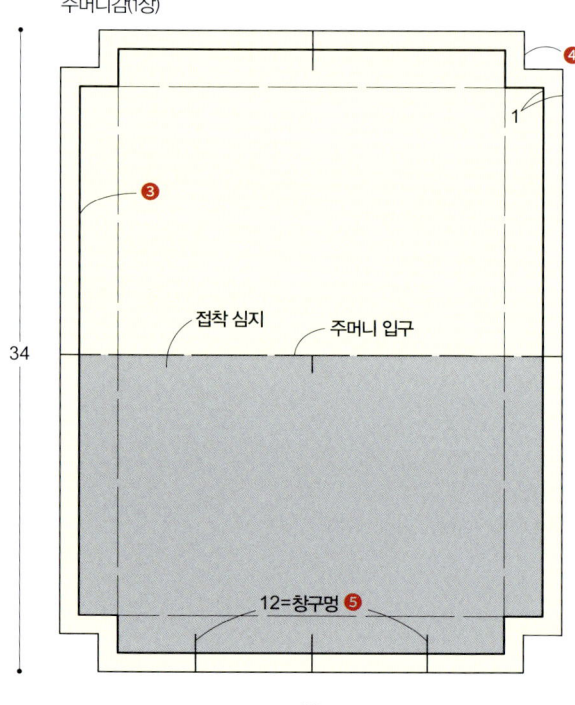

특징
양옆에 옆판을 넣어서 입체적으로 만든 주머니. 두툼한 물건을 넣고 싶으면 옆판을 더 넓게 만들어 주세요.

원단 선택하기
옆판이 있는 주머니는 시접이 겹쳐지므로 두꺼운 원단은 적합하지 않다. 얇은 원단에 접착 심지를 잘 붙여 만드는 것이 좋다.

기준 치수_주머니 너비 20cm, 주머니 높이 14cm

제도하기
❶ '주머니 너비×주머니 높이'의 직사각형을 그린다.
❷ 양옆과 아래에 각각 2cm를 추가한다.
❸ ❶, ❷를 세로 방향으로 하나 더 그린다.
❹ 둘레에 1cm의 시접을 그린다.
❺ 바닥에 창구멍(옆판을 포함한 너비의 1/2)을 표시한다.

옆판과 칸막이가 있는 주머니

특징
옆면과 칸막이에 너비를 주어 입체적으로 만든 주머니입니다. 칸막이의 간격은 원하는 대로 분배하여 원하는 물건을 보관할 수 있도록 합니다.

제도하기
❶ '주머니 너비×주머니 높이'의 직사각형을 그리고 칸막이 위치에 선을 긋는다.
❷ 양끝과 칸막이 선 양옆에 옆판의 폭이 될 너비를 각각 2cm 추가한다.
❸ ❶~❷를 세로 방향으로 하나 더 그린다.
❹ 둘레에 1cm의 시접을 그린다.
❺ 바닥에 창구멍(옆판을 포함한 너비의 1/2)을 표시한다.

박음질 순서
① 우선 주머니 양끝 접음선과 칸막이 양옆의 접음선을 박는다.
② 주머니의 양끝과 칸막이 선을 몸판에 대고 박는다.
③ 마지막으로 바닥 부분을 깔끔하게 모양을 잡고 박는다.

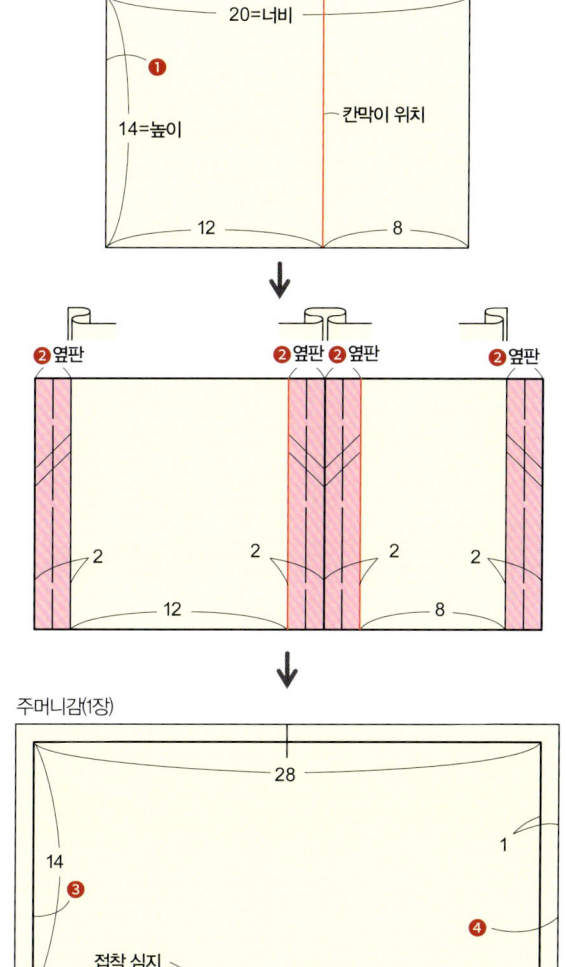

기준 치수_주머니 너비 20cm, 주머니 높이 14cm

가방 외부에 단 주머니

옆솔기와 바닥, 혹은 손잡이 사이에 재봉하여 만든 주머니입니다. 가방 안쪽에 달아도 좋은 구조지만,
이해하기 쉽도록 바깥쪽에 달아서 설명합니다.

외부 기본 주머니

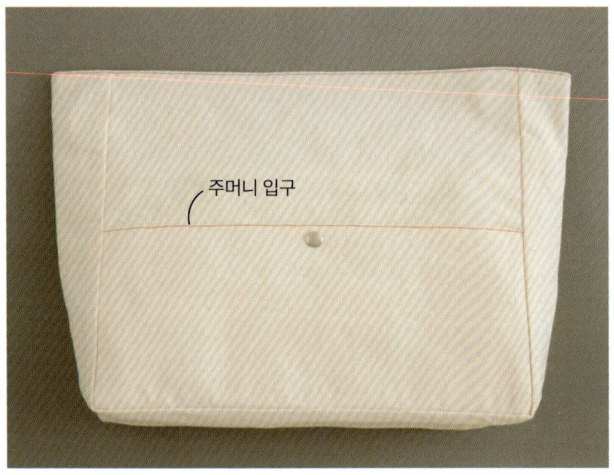

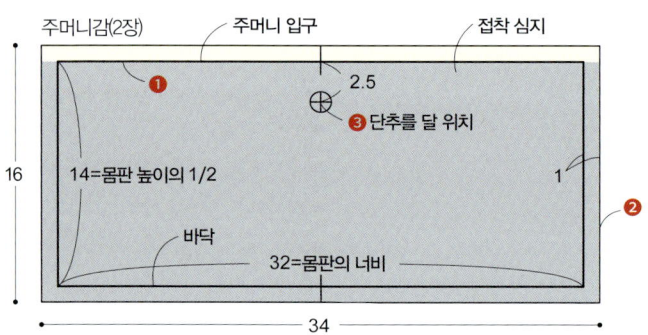

기준 치수_몸판 너비 32cm, 몸판 높이 28cm

특징
옆판+바닥판의 원단이 다르고 모서리가 반듯한 형태(35쪽)의 옆솔기와 바닥의 이음매를 이용하여 몸판 아랫부분에 겹쳐 다는 주머니. 입구 중앙에 링 스냅 단추를 달았지만 입구가 좁은 경우에는 없어도 좋습니다.

제도하기
❶ '몸판의 너비'×'몸판의 높이의 1/2'의 직사각형을 그린다.

❷ 둘레에 1cm의 시접을 그린다.

❸ 링 스냅 단추를 달 위치를 표시한다.

박음질 포인트
주머니의 겉감과 안감을 겉끼리 마주보게 놓고 입구 부분을 박은 다음, 겉으로 뒤집어서 주머니 입구에 상침을 하고 몸판에 겹쳐서 좌우 양끝과 아래의 시접에 시침질하여 고정한다.

칸막이가 있는 외부 주머니

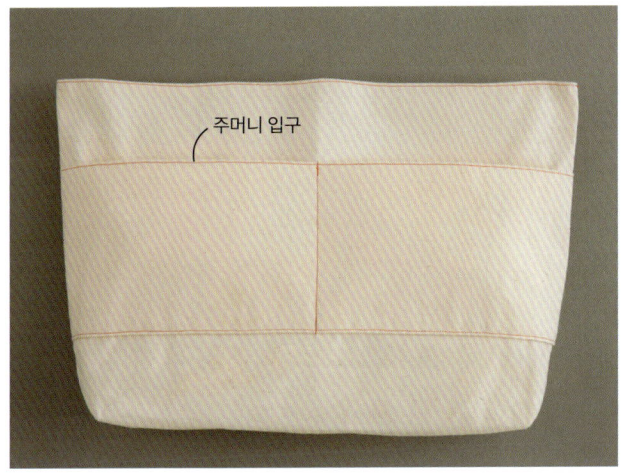

주머니 입구

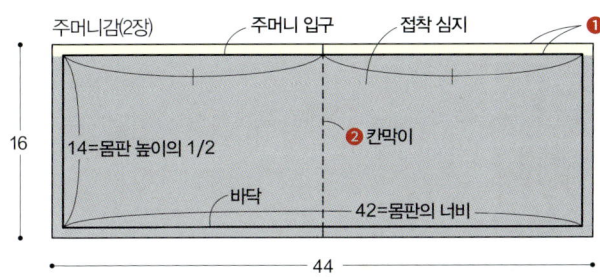

주머니감(2장)　주머니 입구　접착 심지　❶
16
14=몸판 높이의 1/2　❷ 칸막이
바닥　42=몸판의 너비
44

기준 치수_몸판 너비 32cm, 몸판 높이 28cm

특징
A4 사이즈 기본 토트백(10쪽)의 옆솔기에 주머니의 양옆을 넣어 꿰매고 몸판 가운데에 단 주머니. 중앙에 칸막이를 넣어 2등분했습니다. 취향에 따라 밸런스를 맞추어 3등분해도 좋습니다.

제도하기
❶ '몸판의 너비'×'몸판의 높이의 1/2'의 직사각형을 그리고 둘레에 1cm의 시접을 그린다.

❷ 칸막이 선을 긋는다.

> **박음질 포인트**
> 주머니의 겉감과 안감을 겉끼리 마주보게 놓고 주머니 입구 부분을 박은 다음, 겉으로 뒤집어서 주머니 입구에 상침한다. 몸판에 겹쳐 바닥과 칸막이를 박고, 좌우 양끝을 시접에 시침질하여 고정한다.

개더 주름을 넣은 주머니

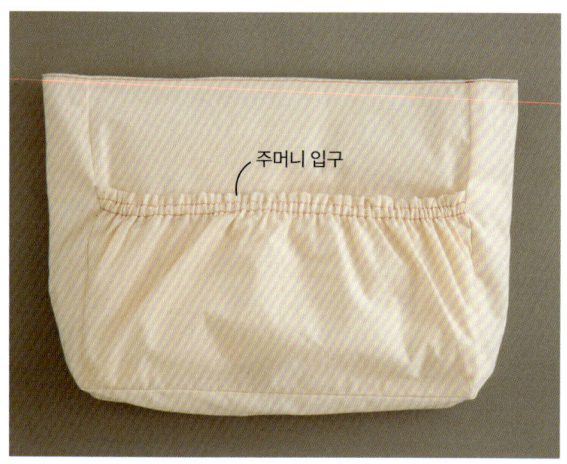

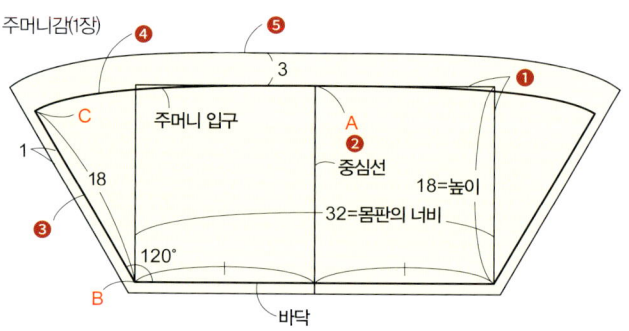

기준 치수_몸판 너비 32cm, 주머니 높이 18cm

특징
옆판+바닥판의 원단이 다르고 모서리가 반듯한 형태(35쪽)의 옆 솔기와 바닥의 이음매를 이용하여 몸판 아랫부분에 겹쳐 달고 입구에는 고무줄을 넣은 주머니입니다. 고무줄이 들어 있는 부분은 수축하므로 홑겹으로 만들어 주세요. 패턴은 늘어나는 부분을 고려해 부채꼴 모양으로 그립니다.

제도하기
❶ '몸판의 너비×주머니 높이'의 직사각형을 그린다.

❷ 너비의 중심선을 긋고 입구와 만나는 곳을 표시(A)한다.

❸ 바닥의 왼쪽 모서리(B)에서 120° 각도로 주머니 높이 길이의 선을 긋고, 그 끝점을 표시(C)한다. 이것은 옆솔기 부분이 된다.

❹ A와 C를 완만한 곡선으로 잇는다.

❺ 주머니 입구는 3cm, 양옆과 바닥은 각 1cm의 시접을 그린다.

주머니 입구의 고무줄
주머니 입구의 시접을 3겹 접기하고 튀어나온 양끝의 시접을 자른 다음 접힌 곳에 고무줄을 끼워 넣는다. 그리고 고무줄의 양끝을 시접에 박음질하여 튼튼하게 고정한다.

박음질 포인트
주머니를 옆판에 박음질하기 전에 몸판의 시접에 세 변을 시침하여 고정한다.

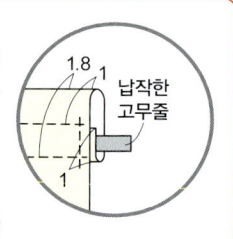

손잡이 사이에 단 주머니

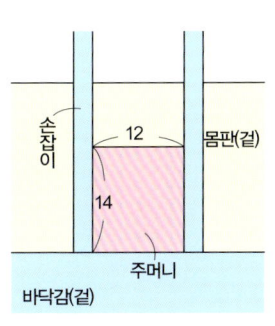

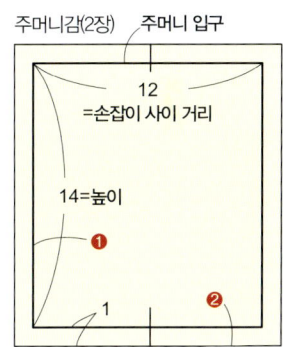

기준 치수_손잡이 거리 12cm, 주머니 높이 14cm

특징
겉 몸판에 다는 주머니로, 손잡이 2개와 하단 절개선(31쪽 참고) 사이에 끼워 넣어 만듭니다. 두꺼운 원단이라도 박음질하기 쉬우며, 크기는 작지만 자주 사용하는 물건을 꺼내 쓰기 좋습니다.

제도하기
❶ '손잡이 사이 거리×주머니 높이'의 직사각형을 그린다.
❷ 둘레에 1cm의 시접을 그린다.

- 80~83쪽의 주머니는 개더 주름을 넣은 주머니 이외에는 가방 입구를 접어서 재단(1장)해도 상관없다.

지퍼를 단 주머니

주머니 입구에 지퍼를 단 디자인. 귀중품을 넣기에 적합합니다.

지퍼를 단 기본 주머니

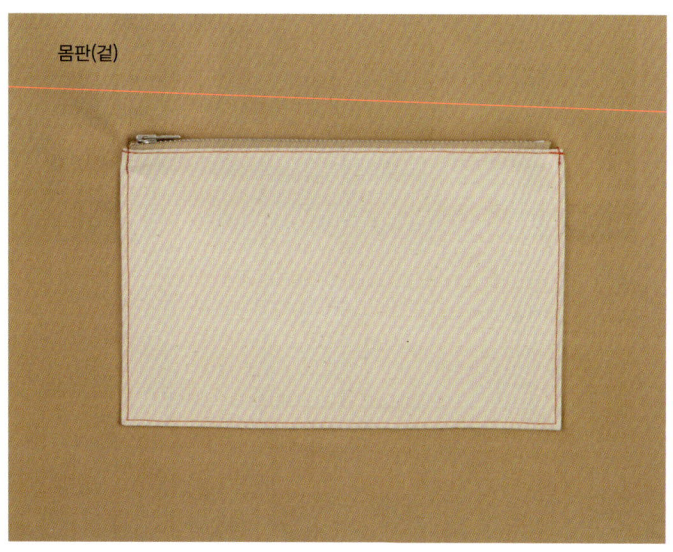

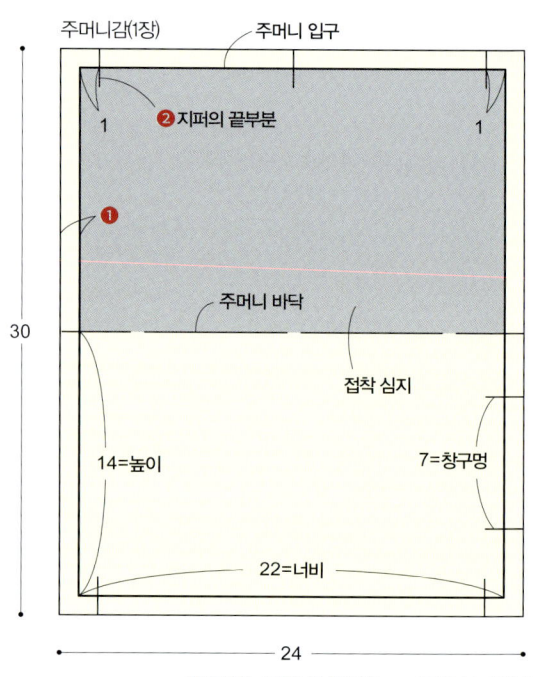

기준 치수_주머니 너비 20cm, 주머니 높이 14cm

특징
두 겹 기본 주머니(74쪽)와 달리 반으로 접은 부분이 주머니의 입구가 아니라 바닥이 되는 형태로, 주머니의 입구에 지퍼의 한쪽을 꿰매고 다른 한쪽을 몸판에 붙인 주머니입니다. 지퍼의 양끝을 잘 접어서 정리하면(62쪽 참조) 깔끔하게 붙일 수 있습니다.

제도하기
❶ **두 겹 기본 주머니**(74쪽)를 참고하여 제도한다. 단, 이 디자인의 경우 반으로 접는 부분이 바닥이 되므로 창구멍을 바닥이 아니라 옆쪽에 표시한다.

❷ 양끝에서 1cm 안쪽에 지퍼가 끝나는 곳을 표시해 둔다.

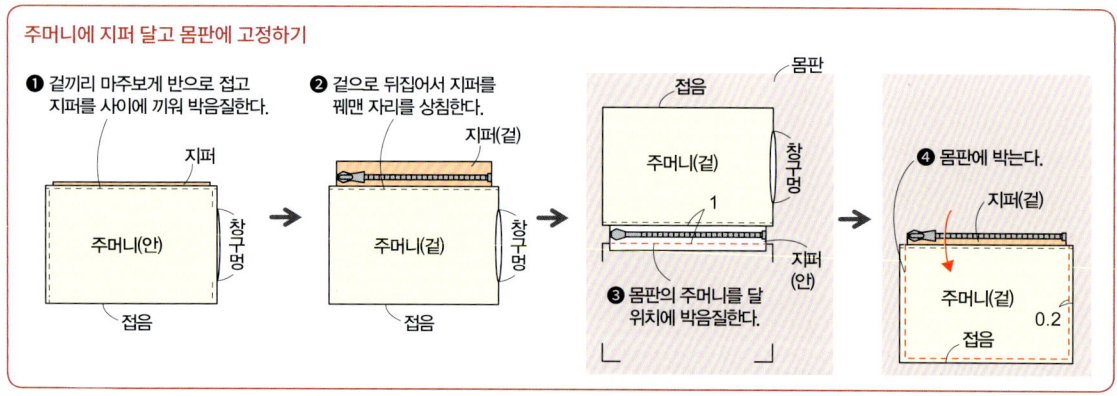

안단 아래에 지퍼를 단 주머니

특징
몸판의 안감 상단 절개선(30쪽 참조)에 지퍼의 한쪽을 끼워 넣어 박은 형태로, 가방 안쪽에 다는 것을 권합니다.

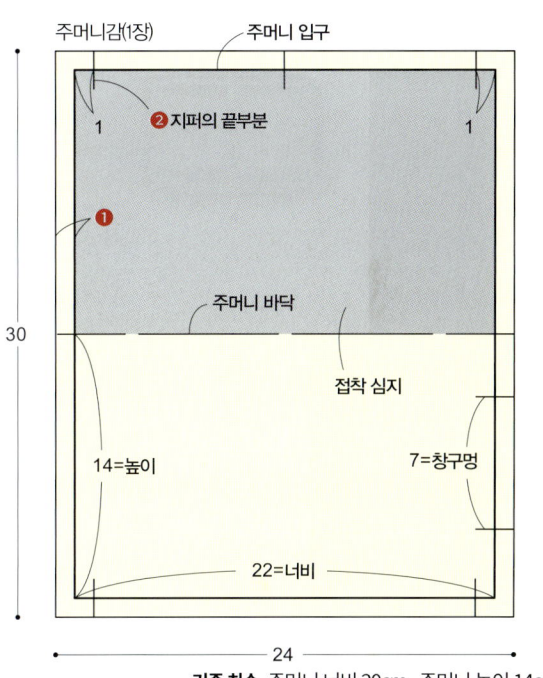

기준 치수_주머니 너비 20cm, 주머니 높이 14cm

제도하기
① **지퍼를 단 기본 주머니**(84쪽)를 참고하여 제도한다.

② 양끝에서 1cm 안쪽에 지퍼가 끝나는 곳을 표시해 둔다.

※ 주머니 너비는 '지퍼 길이+2cm'로 잡는다. 지퍼 양끝에 1cm씩 여분을 두면 세 변을 박을 때 박음질 시작하는 곳과 끝나는 곳을 깔끔하게 마무리할 수 있다.

주머니에 지퍼 달고 몸판에 고정하기

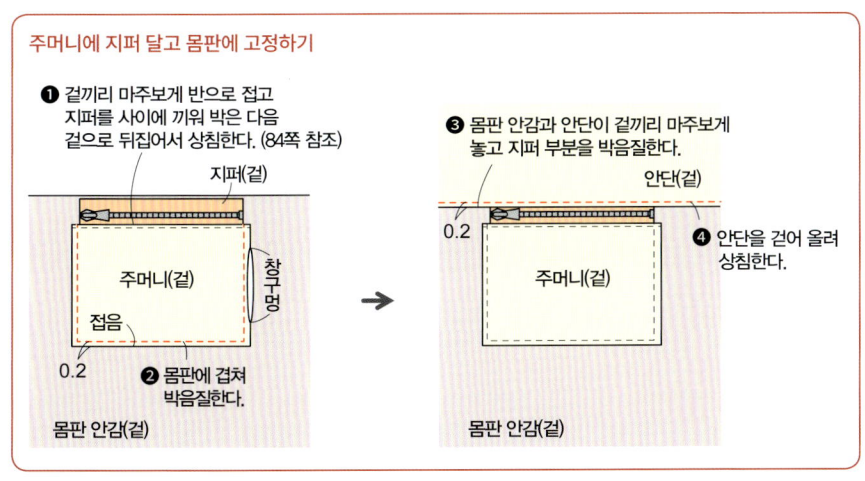

지퍼만 보이는 내부 주머니

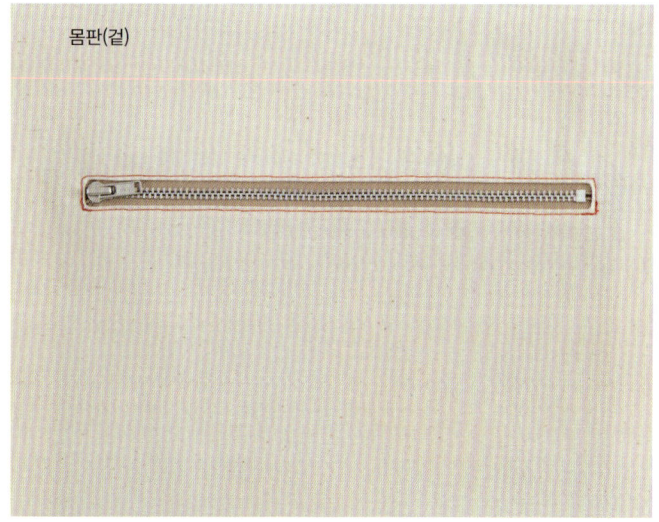

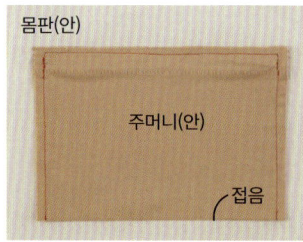

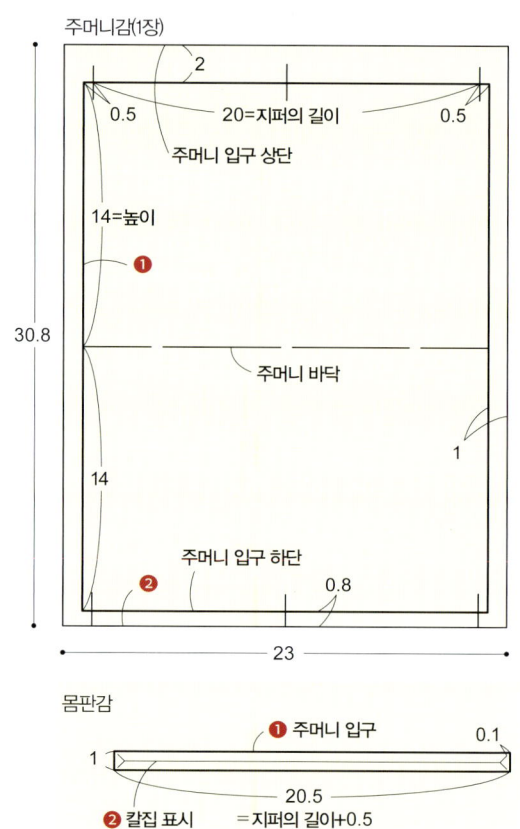

기준 치수_지퍼 길이 20cm, 주머니 높이 14cm

제도하기

주머니......
① 「지퍼 길이+여유분 양쪽에 각각 0.5cm'×'주머니 높이의 2배'」의 직사각형을 그린다.

② 입구 하단은 0.8cm, 입구 상단은 2cm, 양옆에는 1cm의 시접을 그린다.

몸판........
① 몸판에 「지퍼의 길이+0.5cm'×'1cm'」의 주머니 입구를 표시한다.

② 입구에 절개선(칼집)을 표시하되, 양끝은 Y자로 표시한다.

특징

겉에서는 지퍼만 보이고 주머니는 보이지 않는 형태입니다. 몸판에 절개선을 넣고 지퍼만 보이도록 했으므로, 지퍼 테이프의 색상으로 장식 효과를 얻을 수도 있습니다. 이 주머니는 가방 바깥쪽(가방 뒤판의 몸에 닿는 부분)에 다는 것을 추천합니다.

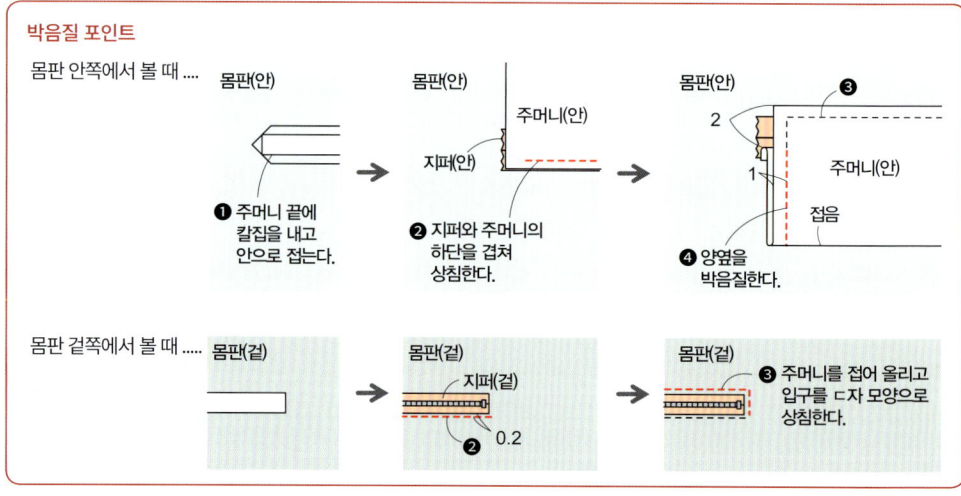

step 3 다양하게 조합하기

step2의 디자인을 다양하게 조합해서 가방을 만들어 보았습니다.
이것은 일부 예에 불과하고, 조합 방법은 무한대이므로
자신의 마음에 드는 가방을 꼭 만들어 보세요.

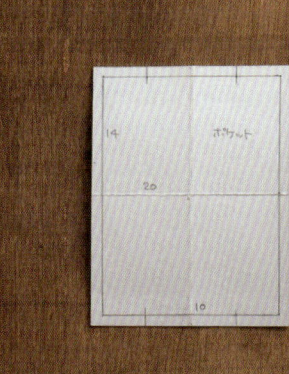
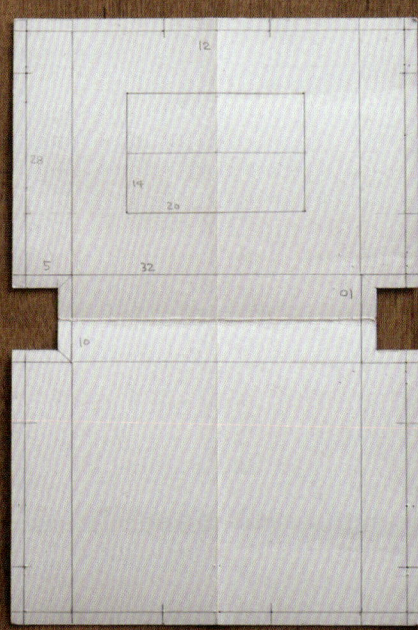

디자인 조합 1

하단에 다른 원단을 배치한 토트백

조합한 디자인

- **겉 몸체** … 하단에 다른 원단을 배치한 형태(31쪽)
- **안 몸체** … 상단에 다른 원단을 배치한 형태(30쪽)
- **손잡이** … 양면 손잡이(50쪽)
- **가방 입구** … 자석 단추로 잠그는 입구(64쪽)
- **주머니** … 안단에 매달린 주머니(73쪽)/손잡이 사이에 단 주머니(83쪽)

A4 사이즈 기본 토트백(10쪽)과 완전히 같은 사이즈의 가방으로, 하단에 다른 원단을 배치하였습니다. 캔버스 천과 같은 두꺼운 원단으로 만들기에 적합한 디자인입니다. 특히 바닥, 손잡이의 겉면, 안쪽으로 접혀 들어가는 안감(안단)에 두꺼운 원단을 쓰면 튼튼하게 만들어집니다. 이렇게 두꺼운 원단을 쓰는 경우에는 겉과 겉이 마주보게 박은 후 뒤집는 방식의 두 겹 주머니보다는 안단에 매달린 주머니로 만드는 것이 깔끔합니다.

디자인 조합 2

빅 사이즈 토트백

조합한 디자인

- **겉 몸체** ⋯ 1박 여행 가방(19쪽)
- **안 몸체** ⋯ 상단에 다른 원단을 배치한 형태(30쪽)
- **손잡이** ⋯ 쥐는 부분만 반으로 접은 손잡이(51쪽)
- **가방 입구** ⋯ 개고리+D링으로 잠그는 입구(65쪽)
- **주머니** ⋯ 옆판과 칸막이가 있는 주머니(79쪽) / 안단 아래에 지퍼를 단 주머니(85쪽)

짧은 여행에도 들고 갈 수 있는 큰 사이즈의 토트백. 손잡이는 어깨에 닿는 부분이 반으로 접혀 있기 때문에 어깨에 메기 편합니다. 안 몸체의 입구 양쪽에는 개고리와 D링이 달린 탭을 달았습니다. 짐이 적을 경우 개고리와 D링을 채우면 입구가 오므라들어 사다리꼴 모양의 가방으로 변신합니다.

디자인 조합 3

세로로 긴 A4 사이즈 가방

조합한 디자인

몸체 … 옆판의 원단이 다르고 모서리가 반듯한 형태(34쪽)
손잡이 … 사각링을 끼운 손잡이(52쪽)
입구 … 입구 너비보다 짧은 지퍼를 단 입구(62쪽)
주머니 … 외부 기본 주머니(80쪽)

옆판이 있고 세로로 긴 토트백은 A4 사이즈의 서류 등을 넣기 편리합니다. 입구를 닫을 필요가 없을 때는 지퍼를 열고 날개 부분을 아래로 내려뜨려 놓을 수도 있습니다. 사각링을 끼운 손잡이는 바깥쪽으로 넘기기 쉽기 때문에 가방 속 물건을 찾을 때 걸리적거리거나 불편할 일이 없습니다. 옆판에 달린 주머니는 외부 기본 주머니를 응용하여 달았습니다.

디자인 조합 4

메신저백

조합한 디자인

- **몸체** ⋯ A4 사이즈 기본 토트백(10쪽)
- **손잡이** ⋯ 왈자조리개와 사각링을 단 숄더 스트랩(55쪽)
- **입구** ⋯ 큰 덮개를 단 입구(60쪽)
- **주머니** ⋯ 두 겹 기본 주머니(74쪽) / 지퍼만 보이는 내부 주머니(86쪽)

왈자조리개를 써서 길이 조절이 가능한 스트랩을 달아 원 숄더백으로 쓰거나, 옆으로 메는 크로스백으로 써주세요. 가방 전체를 덮는 커다란 덮개는 자주 열고 닫기 불편하기 때문에 가방 뒤쪽에 주머니를 달았습니다. 어깨끈은 원단의 낭비를 줄이기 위해 몸체를 만들고 남은 원단에 접착 심지를 부착하여 만들었습니다. 원단의 무늬는 스트라이프 무늬를 가로, 세로로 배치하여 보았습니다.

디자인 조합 5
복주머니형 가방

조합한 디자인

- **몸체** … 바닥판의 원단이 다르고 모서리가 반듯한 형태(36쪽)
- **손잡이** … 1줄 기본 손잡이(54쪽)
- **입구** … 아일렛+끈으로 잠그는 입구(67쪽)
- **주머니** … 칸막이가 있는 주머니(75쪽)

A4 사이즈 기본 토트백(10쪽)을 기본으로 만들었습니다. 몸체는 상하 방향이 있는 패턴의 원단을 사용하고 싶었기 때문에 바닥 부분은 접어서 재단하는 형태가 아니라 다른 원단으로 만든 디자인을 선택했습니다. 입구에 일정한 간격으로 아일렛를 달고 끈을 통과시켜서 조이면 복주머니 형태가, 끈을 풀면 평범한 형태의 토트백이 됩니다. 손잡이를 길게 만들면 숄더백으로 쓸 수도 있어요.

디자인 조합 6

2way 가방

> **조합한 디자인**
> **몸체** ··· 옆판+바닥판의 원단이 다르고 모서리가 둥근 형태(38쪽)
> **손잡이** ··· 리본 숄더 스트랩(55쪽), 2줄 기본 손잡이(50쪽)
> **입구** ··· 단추+고리로 잠그는 입구(68쪽)
> **주머니** ··· 단추로 잠그는 주머니(76쪽)

리본 숄더 스트랩과 짧게 만든 두 줄 기본 손잡이를 모두 붙인 2way 가방입니다. 몸판의 아래 모서리 부분을 반지름 7cm의 곡선으로 하여 옆판+바닥판 원단과 이었습니다. 안 몸체의 주머니 입구와 가방 입구에 같은 모양의 단추를 달고, 뻣뻣하지 않은 느낌으로 완성하기 위해 너무 두껍지 않은 원단을 사용했습니다.

디자인 조합 7

3way 가방

조합한 디자인
- **겉 몸체** ··· 바닥판이 J형으로 접히는 형태(33쪽)
- **안 몸체** ··· A4 사이즈 기본 토트백(10쪽)
- **손잡이** ··· 왈자조리개와 개고리, D링을 단 숄더 스트랩(56쪽)
- **입구** ··· 링 스냅 단추로 잠그는 입구(65쪽)
- **주머니** ··· 두 겹 기본 주머니(74쪽)

어깨끈은 왈자조리개와 개고리를 달아서 길이 조절과 탈부착이 가능하도록 만들었습니다. D링을 겉몸체의 옆 네 군데에 달았기 때문에 연결 방법을 조금만 바꾸면 배낭으로도 사용할 수 있고, 숄더백으로 사용할 수도 있습니다. 어깨끈을 떼어내면 클러치백이나 커다란 파우치로 바뀌고, 바닥을 납작하게 접을 수 있어 여행을 다닐 때 유용하게 쓰입니다.

디자인 조합 8
미니 토트백

조합한 디자인
- **몸체** … 도시락 가방 사이즈(19쪽)
- **손잡이** … 2줄 기본 손잡이(50쪽)

디자인 조합 9, 10
지퍼가 달린 파우치

조합한 디자인
- **몸체** … A : A4 사이즈 기본 토트백(10쪽)
  B : 몸판의 모서리가 둥근 형태(29쪽)

기본 토트백의 스몰 사이즈. 도시락이 쏙 들어갈 정도의 크기로, 집 근처를 나갈 때 가볍게 들고 갈 가방으로도 추천합니다. 입구의 잠금장치도, 주머니도 없이, 불필요한 것은 넣지 않은 심플한 디자인. 손잡이의 너비는 조금 더 좁게 만들어도 괜찮습니다.

파우치의 크기는 지퍼를 단 기본 주머니(84쪽)를 참조합니다. A는 A4 사이즈 기본 토트백(10쪽)의 패턴에서 바닥 폭을 4cm로 변경하여 만들었습니다. B는 바닥판을 만들지 않고 몸판 아래 모서리에 반지름 3cm의 곡선을 넣었습니다. 지퍼는 안 몸체 입구에 달아줍니다.

책에 주어진 대로만이 아니라
좀 더 자유롭게 가방을 만들면 좋겠다는 마음으로
이 책을 썼습니다.

자신에게 맞는크기로 제도해서 패턴을 만드는 방법과
쓰기 편하게 씀씀이에 맞추어 조합하는 힌트를
심플한 토트백을 기본으로 설명하고 있습니다.

좋아하는 색깔과 무늬의 원단을 적용해서 마음껏 다양하게
만들어 보세요.
자신만의 주문 제작 가방을 만들 수 있을 것입니다.

가방 패턴 만들기

1판 5쇄 펴냄 2023년 6월 20일

지은이 고시젠 유카
옮긴이 김신혜
펴낸이 정현순
인쇄 ㈜한산프린팅

펴낸곳 ㈜북핀
등록 제2021-000086호(2021. 11. 9)
주소 경기도 부천시 조마루로385번길 92
전화 032-240-6110 / 팩스 02-6969-9737

ISBN 979-11-87616-61-0 13590

값 15,000원

이 책의 한국어판 저작권은 EYA(Eric Yang Agency)를 통한 Nihon Vogue Corp. 사와의
독점계약으로 ㈜북핀이 소유합니다.
저작권법에 의하여 한국 내에서 보호를 받는 저작물이므로 무단전재 및 복제를 금합니다.
파본이나 잘못 만들어진 책은 구입하신 서점에서 바꾸어 드립니다.